世界教育思想文库

教育
财富蕴藏其中

LEARNING
THE TREASURE WITHIN

联合国教科文组织 编

联合国教科文组织总部中文科 译

教育科学出版社
·北京·

值此工作结束之际，我们谨向联合国教科文组织总干事费德里科·马约尔表示深切的谢意，我们赞赏他的信念，我们和他一样希望重新激起本组织赖以建立的热情，以便通过有益于全人类的教育、科学及文化之传播为和平与国际了解服务。

他为本报告进行了构思，他在赋予我们这一权限时，已把我们的使命置于他带领教科文组织开展的行动的总框架内。多亏他不断地支持，我们才得以在最佳条件下并在完全独立思考的情况下开展工作。我们冒昧地希望结果能与他的思路一致。如果此报告如同我们所希望的那样，能就教育的未来在各国和国际社会范围内引起一场我们认为十分重要的辩论的话，那么我们将认为至少没有完全辜负教科文组织总干事对我们的信任。

委员会全体委员

国际 21 世纪教育委员会
向联合国教科文组织提交的报告

教　　育
财富蕴藏其中

委员会成员

主席　雅克·德洛尔(Jacques Delors)

委　员

安阿姆·阿勒穆夫蒂(In'am Al Mufti)

天城勋(Isao Amagi)

罗伯托·卡内罗(Roberto Carneiro)

费伊·钟(Fay Chung)

布罗尼斯拉夫·盖雷梅克(Bronislaw Geremek)

威廉·戈勒姆(William Gorham)

亚历山德拉·科恩豪泽(Aleksandra Kornhauser)

迈克尔·曼利(Michael Manley)

马里塞拉·帕德隆·克罗(Marisela Padrón Quero)

玛丽-安热莉克·萨瓦内(Marie-Angélique Savané)

卡兰·辛格(Karan Singh)

鲁道夫·斯塔文哈根(Rodolfo Stavenhagen)

徐明源(Myong Won Suhr)

周南照(Zhou Nanzhao)

委员会委员对本报告所含事实的选择和阐述及报告中所发表的观点负责;这些观点未必都是教科文组织的,因此该组织不承担任何责任。

目录

序言　教育：必要的乌托邦 / 雅克·德洛尔　1

展望未来 / 2
需要消除的紧张关系 / 4
设想和建设我们共同的未来 / 5
把终身教育放在社会的中心位置上 / 8
重新考虑并沟通教育的各个阶段 / 9
使改革的战略获得成功 / 13
扩大地球村的国际合作 / 17

第一部分　前景

第1章　从基层社区到世界性社会 / 3

人口越来越多的地球 / 3
人类活动范围的世界化走向 / 5
信息传播全球化 / 6
全球相互依赖的多种表现形式 / 7
一个危险重重的世界 / 10
局部与全球 / 11
了解世界，了解他人 / 13
提示和建议 / 15

第 2 章　从社会团结到民主参与 / 16

经受着社会联系危机考验的教育 / 17
教育与反排斥斗争 / 19
教育与社会动力：若干行动原则 / 20
民主参与 / 24
  公民教育与公民实践 / 24
  信息社会与教育社会 / 26
提示和建议 / 30

第 3 章　从经济增长到人的发展 / 31

世界经济的增长极不均衡 / 31
为了经济目的而对教育提出的需求 / 32
认识资源的不均等分布 / 33
妇女教育——促进发展的必要手段 / 38
计算进步的代价 / 40
经济增长与人的发展 / 41
旨在促进人的发展的教育 / 43
提示和建议 / 45

第二部分　原则

第 4 章　教育的四个支柱 / 49

学会认知 / 50
学会做事 / 52
  从资格概念到能力概念 / 53
  劳动的"非物质化"和实行工资制部门的服务性活动 / 53
  非正规经济中的劳动 / 54

学会共同生活，学会与他人一起生活 / 55
  发现他人 / 56
  为实现共同目标而努力 / 57
学会生存 / 57
提示和建议 / 59

第 5 章　终身教育 / 61

民主要求 / 62
多层面的教育 / 63
新的时代，新的领域 / 64
教育处于社会的核心位置 / 67
寻求教育的协同作用 / 71
提示和建议 / 72

第三部分　方针

第 6 章　从基础教育到大学 / 77

走向生活的通行证：基础教育 / 79
  幼儿教育 / 84
  有特殊需要的儿童 / 84
  成人基础教育和扫盲 / 85
  社区参与及其责任 / 86
中等教育：人生的十字路口 / 87
  中等教育的多样化 / 88
  职业指导 / 91
高等教育的传统使命和新使命 / 92
  高等教育的功能 / 93
  学习的场所和知识的源泉 / 94

高等教育与劳动市场的变化 / 95

　　　大学——面向全民的文化场所和学习场所 / 96

　　　高等教育与国际合作 / 96

　迫切需要：与学业失败现象作斗争 / 97

　用新的证明方式承认获得的能力 / 99

　提示和建议 / 100

第 7 章　教师在探索新的前景 / 102

　学校在向世界开放 / 103

　期望与责任 / 105

　教学是一种艺术，一门科学 / 105

　教师的质量 / 106

　学习应该教的知识和如何教授这些知识 / 110

　教师在工作 / 111

　　　学校与社区 / 111

　　　学校行政管理 / 111

　　　让教师参与教育问题的决策 / 112

　　　促进有效教学的有利条件 / 113

　提示和建议 / 113

第 8 章　教育的选择：政治当局的作用 / 115

　教育选择就是社会选择 / 116

　　　对教育的需求 / 116

　　　评估和公开讨论 / 116

　革新和非集中化提供的机会 / 117

　　　吸收有关各方参与教育事业 / 117

　　　促进学校拥有真正的自主权 / 119

　对教育系统进行全面调整的必要性 / 120

　经济和财政方面的选择 / 122

财政困难的影响 / 122
　　今后的方针 / 124
利用信息社会提供的手段 / 130
　　新技术对社会和教育的影响 / 130
　　一场与未来极为有关的辩论 / 132
提示和建议 / 136

第9章　国际合作：地球村的教育问题 / 138

妇女与女青少年：争取平等的教育 / 139
教育与社会发展 / 140
开展有利于教育的债务转换工作 / 141
争取设立教科文组织新信息技术观察所 / 142
从提供援助到建立伙伴关系 / 143
科学工作者、研究与国际交流 / 146
教科文组织的新使命 / 147
提示和建议 / 149

结束语 / 151

英才教育：为培养人才而投资
　　安阿姆·阿勒穆夫蒂 / 152
提高学校教育质量
　　天城勋 / 157
教育与重振社区精神：21世纪学校的社会化作用一瞥
　　罗伯托·卡内罗 / 159
今日非洲教育
　　费伊·钟 / 162
凝聚力、团结与排斥现象
　　布罗尼斯拉夫·盖雷梅克 / 165
创造机会
　　亚历山德拉·科恩豪泽 / 169

教育、独立自主与社会和解
　　麦克尔·曼利 / 175
世界社会的教育
　　卡兰·辛格 / 178
多文化世界的教育
　　鲁道夫·斯塔文哈根 / 181
敞开思想，让所有人都生活得更美好
　　徐明源 / 186
教育与文化之互动在经济发展和人的发展中的作用：
　　亚洲的观点
　　周南照 / 190

附　件 / 199

1. 委员会的工作 / 199
2. 委员会成员 / 201
3. 权限 / 202
4. 特别顾问 / 205
5. 秘书处 / 207
6. 委员会会议 / 208
7. 提供咨询的个人和机构 / 209
8. 后续活动 / 215

序言

教育：必要的乌托邦

面对未来的种种挑战，教育看来是使人类朝着和平、自由和社会正义迈进的一张必不可少的王牌。因此，委员会在其会议结束时，着重表明了它的这一信念，即教育在人和社会的持续发展中起着重要作用。教育并不是能打开实现所有上述理想之门的"万能钥匙"，也不是"芝麻开门"之类的秘诀，但它的确是促进更和谐、更可靠的人类发展的一种主要手段，人类可借其减少贫困、排斥、不理解、压迫、战争等现象。

值此教育政策遭到严厉的批评或因经济与财政方面的原因而被降到优先事项中最次要的地位之际，委员会希望通过自己的分析、思考和建议，使尽可能多的人具有上述信念。

这还有必要强调吗？但是，委员会首先想到的是儿童和青少年，是明天将成为成年一代的接班人的人，而现在的成年人则过分倾向于关注他们自己的问题。教育，对我们社会应该迎接的儿童和青年是一种爱的呼唤；在教育系统中当然应有他们的地位，在家庭、基层社区乃至国家中也同样应有他们的地位。此项基本义务应经常提及，以便在作出政治、经济和财政方面的抉择时能更多地考虑这项义务，在这里变通引用一位诗人的一句名言：儿童是人类的未来。

在一个以喧嚣、狂热以及分布不均的经济和科学进步为标志的世纪即将结束，一个其前景是忧虑和希望参半的新世纪即将开始的时候，迫切需要所有感到自己负有某种责任的人既能注意教育的目的，也能注意教育的手段。委员会不仅把教育政策看作是丰富知识和技能的长期过程，而且，也许尤其将其看作是造就人以及在个人、群体和民族之间建立关系的理想途径。

委员会委员们在接受委任状时，明确采纳了这种看法，并希望以理服人地强调指出，教科文组织的关键作用完全符合以希望建立一个更加美好的世界为依据的创始者的思想，因为这样一个世界善于尊重男子和妇女的权利，善于相互谅解，善于将知识的进步变成促进人类发展的工具，而不是扩大人与人之间差别的工具。

对于像克服世界上极其多种多样的情况所造成的障碍、作出对所有人都有价值的分析和得出所有人都能接受的结论这样的使命，我们的委员会肯定是无法完成的。

然而，委员会竭尽全力地对由世界化占主导地位的未来进行了思考，挑选了人人都会问及的问题，并制定了若干在国家和国际范围均有价值的指导方针。

展望未来

若干令人瞩目的科学发明和进步是最近这 1/4 个世纪的一个重要标志；许多国家摆脱了不发达状态，各国的生活水平仍以极其不同的速度在不断改善。但是，一种幻想破灭的感觉似乎占了主导地位，并与第二次世界大战刚结束时产生的种种希望形成了对比。

因此，可以说人们对经济和社会进步所抱的幻想已经破灭。富国失业率和排斥现象的增加证明了这一点。世界上继续存在的发展不均等的现象确证了这一点。[①] 的确，人类更加意识到对其自然环境造成的种种威胁。但是，尽管召开了许多国际会议，如里约热内卢会议，尽管一些自然现象或一

[①] 根据联合国贸易和发展会议的研究报告，"最不发达国家"（5.6 亿人口）的平均收入在减少，人均年收入为 300 美元，其他发展中国家为 906 美元，而工业化国家为 21 598 美元。

些技术事故已发出了严重警告，人类仍无法调拨资源纠正这种情况。然而，"一切为了经济增长"已不再被看作是可以使物质进步与公正、尊重人的地位、尊重我们应完好地传给后代的自然财富和谐一致的理想途径。

我们在持久发展的目的、途径和方法以及国际合作的新形式等方面，是否从上述看法中得出结论了呢？当然没有！因此，这将是下个世纪的重大智力和政治挑战之一。

这一看法不应引导发展中国家忽视传统增长的各种动力，尤其不能忽视必须进入科学和技术领域这一问题；为此，需使文化适应新情况，需使思想观念现代化。

"冷战"结束后那些已看到一个更加美好、和平的世界前景的人也感受到了幻想的破灭和失望。只是一味地讲历史是悲惨的是不够的，那是自我安慰或是自找借口。每个人都知道或应该知道历史是悲惨的。尽管第二次世界大战已经造成5 000万人死亡，但我们怎能不再次提请人们注意，1945年以来，在柏林墙倒塌之前和之后，已发生过150次战争，造成2 000万人死亡。这是新危险还是老危险呢？这无关紧要。紧张局势是在国家、种族集团之间孕育和产生的，或是由经济和社会方面的不公正现象积累而成的。估量这些危险，组织起来消除这些危险，这是所有决策者在以各国人民越来越相互依赖和问题全球化为标志的背景下应承担的义务。

如果我们在自己所属的自然社区——国家、地区、城市、村庄、邻里都无法共同生活，又怎能学会在"地球村"共同生活呢？我们是否愿意、能否参加社区生活，这是民主的中心问题。不要忘记，愿意参加社区生活，取决于每个人的责任感。不过，虽然说民主在极权主义者和专制者统治的地方占据了一些新的地盘，但是它在制度上已存在数十年的地方，却有削弱的倾向。好像一切都在不断地重新开始，不断地更新，不断地重新发明。

教育政策怎么能不觉得自己应当正视上述三大挑战呢？委员会怎能不强调指出这些政策在哪些方面能为一个更加美

好的世界、人类的持久发展、各国人民之间的相互了解、实际已经存在的民主的更新作出贡献呢？

需要消除的紧张关系

为此，必须正视现有的已成为 21 世纪问题之焦点的主要紧张关系，以便更好地予以消除。

● 整体和局部之间的紧张关系：各国人民需逐渐成为世界公民，但又不失其根本，同时积极参与其国家和基层社区的生活。

● 普遍和个别之间的紧张关系：文化的国际化正在逐步实现，但仍是局部性的。其实，既有前途又有风险的文化国际化是不可避免的，但是最不可忽视的风险是忽视每个人的独特性格；每个人都应在其传统及其固有的、如不注意便会受到正在发生的演变威胁的文化财富范围内选择自己的命运，发挥自己的所有潜力。

● 传统和现代性之间的紧张关系：它属于同一个问题的范围，即适应变革而又不自我否定，获得自主权而又兼顾他人的自由和发展，掌握科学进步。应本着这一精神接受新的信息技术的挑战。

● 长期和短期之间的紧张关系：这是无休止的紧张关系。但是今天，在过多的瞬息万变的信息和感情不断促使人们只关注眼前的种种问题的情况下，这种紧张关系因受短暂性和瞬间性的支配而加剧了。舆论希望迅速找到答案和解决办法，而所遇到的许多问题却需要一种有耐性的、从长计议的和协调一致的改革战略。教育政策正属于这种情况。

● 必要的竞争和机会均等原则之间的紧张关系：这是一个传统性问题，在 20 世纪初便针对经济和社会政策及教育政策提出了这一问题。这个问题有时得到解决，但从未得到长期解决。今天，委员会冒险断言，竞争的压力迫使许多决策者忘记了旨在使每个人都有办法抓住其所有机会的使命。

正是这种分析促使我们在此报告所涉及的领域重提并更新终身教育的概念，以便把具有刺激作用的竞争、具有促进作用的合作和具有联合作用的团结这三个方面协调起来。

● 知识的巨大发展和人的领会吸收能力之间的紧张关系：委员会曾试图增加一些新课程，如了解自己和确保身体与精神健康的方法，或学会更好地认识和保护自然环境。但是，课程越来越多。因此，一种明确的改革战略应有一些选择，但条件是保存旨在教人通过学习知识、实践和自身文化修养而更好地生活的基础教育的主要内容。

● 最后，这也是一个永恒存在的问题，即精神和物质之间的紧张关系：世界往往不知不觉或不声不响地需要某种理想和我们为了不触犯任何人而称之为道德的标准。教育的使命是多么崇高啊！它需根据每个人的传统和信仰，在充分尊重多元化的情况下，促使每个人将其思想和精神境界提高到普遍行为模式，并在某种程度上超越自我的高度。委员会字斟句酌地认为，这关系到人类的生存问题。

设想和建设我们共同的未来

现代人有一种头晕目眩的感觉：一方面是世界化，他们看到而且有时承受这种世界化的各种表现；另一方面是他们在寻根，寻找参照点和归属感。他们在这两者之间左右为难。

教育应面对这个问题，因为在一个世界性社会将在阵痛中诞生的时候，教育比任何时候都更处于人和社区发展的关键位置。教育的任务是毫无例外地使所有人的创造才能和创造潜力都能结出丰硕的果实，这就要求每个人都有自我负责和实现个人计划的能力。

这一目标比其他所有目标都重要。这一长期而艰巨的目标的实现，将为寻求一个更加美好、更加公正的世界作出重大贡献。在某些人对教育提供的种种可能性表示怀疑的时刻，委员会谨特别强调指出这一点。

的确，还有其他许多问题要解决。我们会回过头来讲的。但是就在我们编写此报告时，人类面对战争、犯罪行为和不发达状态所造成的那么多的灾难，正在逃避和听天由命之间踌躇不定。让我们为人类指出另一条道路吧。

　　因此，一切都要求重新强调教育的伦理和文化内涵。为此，应使每个人都能够了解他人的特性，了解世界正从毫无秩序的状态走向一定程度的统一。但是，在这种以知识、思考和实行自我批评为标志的内心旅途中，还应从了解自身着手。

　　这一信息应与扩大和深化将在这些结论的最后部分讨论的国际合作结合起来，指导整个有关教育的探讨工作。

　　从这一角度看，一切都理顺了，不论是科学技术的需要，了解自己及自己的环境，还是培养能使每个人作为家庭成员、公民或生产者行事的能力，都是如此。

　　这意味着，委员会一点也不低估智力与革新的中心作用，不低估向以知识为主导的社会的过渡，也不低估有助于积累知识、增加新发明，并将其应用于既包括保健和环境又包括货物和劳务生产的人类活动之各个领域的内源过程。委员会也知道为向最贫穷国家转让技术所作尝试受到的限制乃至遭到的失败，确切地说，失败的原因正是知识的积累机制和使用机制具有内源性。因此，必须本着尊重人及其完整性的精神，早期进行科学及其应用方法、为掌握进步而要作出艰苦努力等入门教育。在这方面也应特别关注伦理方面的问题。

　　还应指出的是，委员会清楚地知道教育为推动经济和社会的发展而应完成的使命。人们往往把失业的责任归咎于教育制度。这种看法只是部分正确，而且尤其不应掩盖为实现充分就业或使不发达的经济能够起步而需满足的其他政治、经济和社会要求。说到这里，再回过头来看看教育。委员会认为，建立一种比较灵活的有助于大学课程多样化并能在各类教育之间或工作经历与重新培训之间搭桥的制度，是对供职和求职之间的脱节造成的种种问题的有价值的答复。这样一种制度也有助于减少学业失败现象，每个人都应估计一下

序言 教育：必要的乌托邦

学业失败造成的人力资源大量浪费的程度。

但是，这些理想的和可能的改进，并不排除根据各国固有的特点进行知识革新和运用某种持续发展的模式。每个人都应相信，鉴于科学与技术目前的和预期的进步，以及人的认识和其他非物质的东西在货物和劳务生产中越来越重要，必须重新思考劳动及其各种法规在未来社会中的地位。如果我们希望防止失业，希望防止社会排斥或不平等现象在发展过程中日益加剧，那么为了创建未来的社会，人的想象就应赶在技术进步的前头。

由于所有这些原因，看来我们应该采用终身教育的概念，因为它有灵活、多样和容易进入时间和空间的优点。应重新考虑和扩充的是继续教育的概念。因为，除了必须适应职业生活的变化外，它还应是培养人的一个持续不断的过程，使人有知识有才能，并有判断和活动能力。它应使人认识自己及其环境，并鼓励人在工作和社区中发挥自己的社会作用。

在这方面，委员会提到了向"教育社会"迈进的必要性。的确，整个个人生活和社会生活都有要学的东西和要做的事情。因此，不由自主地要突出这方面的问题，以强调现代传播手段，或者职业生活、文化和娱乐活动的教育潜力，甚至达到忽略其中某些重要实情的地步。因为，尽管人们应利用所有这些学习和进修的可能性，但是为了能够很好地利用这些潜力，个人必须掌握高质量的基础教育的一切基本知识。更为理想的是，学校应进一步赋予学生学习的兴趣和乐趣、学会学习的能力以及对知识的好奇心。我们甚至可以设想一个每人轮流当教员和学员的社会。

为此，没有什么可以代替正规教育系统，在该系统中，每个人初步学习各种形式的知识学科。也没有什么可以代替师生之间的主从关系，但也是对话的关系。所有研究教育问题的伟大古典思想家都是这样说的或反复这样说的。应由教师将人类从自己身上和从自然界学到的东西、将人类的一切重要创造发明都传授给学生。

把终身教育放在社会的中心位置上

因此,终身教育概念看来是进入 21 世纪的一把钥匙。它超越了启蒙教育和继续教育之间的传统区别。它响应迅速变革之世界的挑战,但是这种看法并不新奇,因为先前一些有关教育的报告已强调过返回学校以接受个人生活和职业生活中出现的新生事物这种需要。这种需要现在依然存在,甚至变得更加强烈。每个人如不学会学习,这种需要是无法得到满足的。

但是,又出现了另外一种迫切需要,即生活的传统范畴发生了深刻变化,迫使我们要更好地了解他人、更好地了解世界。人们有相互了解、和平交流以及和睦相处的需要,这几方面正是我们的世界最为缺少的。

采取这种立场之后,委员会进一步强调了作为教育基础而被提出并阐明的四个支柱之一,即通过增进对他人及其历史、传统和精神价值的了解,学会共同生活。在此基础上,还要树立这样一种新的精神:它基于对我们之间日益增加的相互依赖性的认识,借助于对未来的风险和挑战的共同分析,促使人们去实现共同的计划,或以理智的、和平的方式对不可避免的冲突进行管理。有人会认为这是乌托邦,然而这是必要的乌托邦,甚至是至关重要的乌托邦,如果我们想要摆脱由犬儒主义或听天由命思想所加剧的危险循环的话。

是的,委员会渴望一种能够树立这种新精神和为其奠定基础的教育。委员会并没有因此而忽略教育的另外三个支柱,它们可以说是学会共同生活的基本因素。

首先要学会认知。但是,鉴于科学进步及经济和社会活动的新形式所带来的迅速变革,必须把相当广泛的常识与就少量问题进行深入研究的可能性结合起来。这种常识可以说是接受终身教育的许可证,因为它使人对终身学习产生了兴趣并为其奠定了基础。

也要学会做事。除了继续学习从事一种职业外,从更广的意义上说,还必须获得一种能力,这种能力使其能够应付各种情况,其中包括某些预料不到的情况,能促进集体劳动,这是目前的教学方法中过于忽略的一个方面。如果中小学生和大学生能通过边学习边参加一些职业活动进行自我验证和自我丰富的话,这种能力和资格在许多情况下是较容易获得的。这说明,学校与工作之间的各种可能的交替形式应占有更重要的位置。

最后,尤其要学会生存。这是 1972 年在教科文组织主持下出版的"埃德加·富尔报告"的主题。其建议仍具有十分强烈的现实意义,因为 21 世纪要求人人都有较强的自主能力和判断能力,同时要求加强每个人在实现集体命运过程中的责任;而且也因为该报告强调了另外一种迫切需要:要让像财富一样埋藏在每个人灵魂深处的所有才能都发挥出来,例如记忆、推理能力、想象、体力、审美观、与他人交流的能力、领导者的天然气质等。这表明人需要对自己有更深入的了解。

委员会曾提到另外一种乌托邦:建立在获取、更新和使用知识之基础上的教育社会。这些就是必须在教育过程中阐明的三种功能。由于信息社会不断发展,增加了接触数据和事实的可能性,教育应使每个人都能利用种种信息,收集、选择、整理、管理和使用这些信息。

因此,教育应不断地适应社会的这些变革,但又不忽视将人类实践的经验、依据和成果传下去。

最后,面对这种对教育越来越多和越来越高的要求,怎样才能使教育政策实现提高教学质量和体现公正这两个目标呢?这就是委员会就课程、教学方法与内容以及提高教学效果之必备条件所提出的问题。

重新考虑并沟通教育的各个阶段

委员会虽然围绕终身教育的概念提出了自己的建议,但它无意认为，这一质的飞跃可以免除就各级教育进行探讨。正相反，委员会既打算进一步肯定教科文组织拟定的某些重大方针，如基础教育的极端重要性，也打算鼓励修订中等教育的职能或答复高等教育的发展，尤其是高等教育大众化现象必然引起的问题。

简而言之，终身教育有助于安排教育的各个阶段，规划各阶段之间的过渡，使途径多样化，同时提高每种途径的价值。这样，就有可能避开这种令人烦恼的困境：要么择优，但这就有增加学业失败和排斥现象的危险；要么一律对待，但这又不利于培养出拔尖人才。

这些想法丝毫无损于1990年世界全民教育会议（泰国，宗滴恩）对**基本学习需要**所下的定义。

> 基本学习需要包括人们为生存下去，为充分发展自己的能力，为有尊严地生活和工作，为充分参与发展，为改善自己的生活质量，为作出有见识的决策，以及为继续学习所需的基本学习手段（如识字、口头表达、演算和解题）和基本学习内容（如知识、技能、价值观念和态度）。

这种一一列举的方法看来可以给人留下深刻的印象，事实上确实如此。但我们不应从中得出它会导致课程负担过重的结论。师生之间的关系，从孩子们生活的环境中所学到的知识，以及很好地利用现代化的传播工具（在有这种工具的地方），均有助于每个学生的个性和智力发展。必须掌握读、写、算等基本知识。传统教学与校外活动相结合的方法应有助于儿童接触伦理与文化、科学与技术、经济与社会等三方面的教育。

换句话说，教育也是一种社会经历，儿童在这一经历中，可以了解自己，丰富自己同他人的关系，获得基本的知识和技能。这种经历应在接受义务教育的年龄前，根据不同的情况以不同的方式开始，但家庭和基层社区必须参与。

委员会认为，在此阶段，应补充两点重要的意见。

基础教育应扩大到全世界的9亿成人文盲、1.3亿未入学的儿童和1亿过早辍学的儿童。这一庞大的计划是在国际合作范围内开展的技术援助与合作伙伴行动的优先事项。

基础教育自然是所有国家，其中包括工业化国家遇到的一个问题。自该教育阶段起，教育内容应培养学习兴趣、求知的欲望与乐趣以及不久以后接受终身教育的愿望与能力。

这就涉及任何改革都会遇到的一个重要问题，即对于那些已完成初等教育但尚未工作或尚未接受高等教育的青少年的政策问题。人们有这样的说法：从教育角度看，中等学校最难如人愿。因此中等教育不但频受批评，也令人深感失望。

引起不安的因素包括培训的需要越来越多、越来越多样化，这就导致学生人数迅速增加和课程负担过重。由此也就产生了不发达国家在财政和组织方面都难以解决的大众化教育方面的传统问题。引起不安的因素还包括对毕业或对个人出路的忧虑；由于始终受到上大学就有一切、不上大学就一无所有的想法的困扰，这种忧虑便有增无减。许多国家所面临的大量失业的局面也增加了人们的忧虑。委员会强调指出，在农村和城市以及在发展中国家和工业化国家不仅导致失业而且也导致人力资源使用不充分的趋势，是十分令人不安的。

委员会认为，只有使现有的学习途径多样化才能摆脱这种困难的局面。这一方针与委员会的主要关注事项完全一致，即发挥所有的才能，限制学业失败现象的发生以及防止大量的青少年有被排斥和无前途的感觉。

这种种途径应包括更倾向于抽象化和概念化的传统教育途径，也应包括被学校和职业生活或社会生活相互交替所充实的、有助于显露其他才能和其他爱好的途径。不管怎样，应沟通这些途径，以使过于经常犯的方针性错误能够得到纠正。

此外，委员会还认为，可以重新接受教育和培训的前景将改变总的气氛，它将使每个青少年相信，其命运在14—20岁并没有最后确定。

也应从这一角度考虑一下**高等教育**。

首先应注意的是，在许多国家，除大学外，还有一些高等院校，其中有些院校参加挑选优等生的过程，另外一些院校建立的目的是提供为期2—4年的针对性强、质量高的职业培训。这种多样化的做法无疑符合社会的需要以及国家和地区一级经济的需要。

关于在最富有国家出现的高等教育大众化问题，在挑选越来越严格的情况下，要找到从政治角度和社会角度均可接受的解决办法是不可能的。这种严格挑选的方法的主要缺点是，许多青年男女在获得被承认的文凭前就被排斥在教育过程之外，因而处于一种悲观失望的地步，因为他们既没有拥有文凭的优势，也没有得到适应劳动力市场需要的培训。

因此，应当对入学人数的增长趋势加以管理；然而，根据委员会提出的重点进行中等教育改革，便可限制这种增长趋势。

大学应作为下述场所、工具和伙伴，使自己的奉献多样化，以此为这一改革过程作出贡献：

●作为可进行理论研究或应用研究或者可进行教师培训的科学场所、知识的源泉；

●作为在更高的层次上将知识和技能结合起来、按照不断适应经济需要的课程和内容获得专业资格的工具；

●作为终身教育的理想汇合点，它欢迎希望重新学习，希望使自己的知识适应需要或者丰富自己的知识，以及希望满足自己在文化生活各个领域进行学习之兴趣的所有成人；

●作为有助于教师和学生交流以及借助于国际性教席促进传播优秀教学法的国际合作的理想伙伴。

因此，大学应超越下述两种逻辑之间的对立（这种对立是人们错误地强加给它们的）：公益事业的逻辑和劳动力市场的逻辑。大学也应恢复其智力和社会使命在社会中的真正含义，它可以说是普遍价值和文化遗产的担保机构之一。委员会据此认为有恰当的理由为给大学更多的自主权而进行辩护。

委员会在提出这些建议后强调指出，这一问题在穷国具有特殊意义，那里的大学应起决定性作用。发展中国家的大学应吸取自己过去的教训，分析自己国家目前面临的困难，同时应当开展有助于解决它们最为急迫的问题的研究工作。此外，它们应就发展提出一些可使自己国家有效地建设更加美好未来的新的看法。它们还应在专业和技术领域培养自己国家所需要的未来的精英以及高、中级毕业生，以使其国家摆脱目前所处的贫穷和不发达状态。尤其应根据每一种具体情况，为撒哈拉以南非洲一类地区拟定新的发展模式，就像已经为东亚各国所做的那样。

使改革的战略获得成功

委员会既不想低估管理种种短期限制的必要性，也不想忽视现存制度适应新情况的必要性，它只想强调，要采用长远的战略和方法来设计教育改革。因此，它着重指出，过多的连续不断的改革势必扼杀改革，因为这样做不能给现有制度留出吸收新思想和使所有有关方面都能参与改革过程的必要时间。此外，正如过去的失败所表明的，许多改革者采用的是一种过于激进的或过于理论化的方法，他们无视从经验中吸取有益的东西，或是否定过去的成绩。因此，教师、家长和学生都受到干扰，不大愿意接受和进行改革。

有助于教育改革成功的三个主要有关方面，一是当地社区，尤其是家长、校长和教师，二是公共当局，三是国际社会。过去的许多排斥现象都是由其中的一方或另一方参与不足造成的。自上而下或从外部强制推行教育改革的种种尝试显然都失败了。改革在一定程度上获得成功的国家都鼓励当地社区、家长和教师果敢地参与，而且，只有不断地对话并得到财政、技术或专业等各种形式的外援，这种参与才能持续下去。显而易见，当地社区在任何成功改革的战略中都占有首要地位。

当地社区通过与社会内部的公共当局和有关团体进行对

话的方式参与需求的评估工作，是增加受教育的机会和改进教育的第一个重要阶段。通过利用传播媒介、社区内部讨论、家长教育和培训、教师现场培训等方式继续进行这种对话，一般都能提高认识、判断能力和内在能力。既然各社区对其自身发展所承担的责任越来越大，它们就应学会正确评估教育的作用；教育既是达到一些社会目标的一种手段，也是对生活质量的一种理想的改善。

委员会就此强调指出，采取有助于加强各学校的责任和提高其革新能力的审慎的非集中化措施，具有十分重要的意义。

不管怎样，没有教师的协助及其积极参与，任何改革都不能成功。这正是委员会建议优先关注教育工作者的社会、文化和物质地位的一种理由。

如果我们指望教师去扭转同样也对青年教育和培训负有责任的其他机构的不景气局面，我们对他们的要求就多了，甚至过分了。在外部世界主要借助于信息和传播新工具日益渗入学校的时候，我们对教师要求得太多了。要知道，出现在教师面前的是很少受到家庭或宗教团体指导，但消息却比较灵通的一些青年。然而，教师必须考虑到这种新情况，才能使青年了解和理解自己，才能激发他们学习的兴趣，才能告诉他们消息并不是知识，知识需要发奋努力、刻苦认真、严格要求、意志坚强才能获得。

不管对不对，教师有孤独感；这不仅因为他从事的是一种个体劳动，而且也因为教育激起了过多的期望，因而教师往往受到不公正的批评。他首先希望自己的自尊心受到尊重。此外，大多数教师往往都属于十分强大的工会组织，在这种组织里，有一种无须否认的维护自身利益的行会思想。尽管如此，还是应当加强和更新社会与教师、公共当局与教师工会组织之间的对话。

诚然，要想使这类对话面目一新并不是一件容易的事情。但是，为了消除教师的孤独感和失望感，为了使变革能被人们接受，为了使所有的人都能为必要的、成功的改革作出贡献,这样做又是必不可少的。

在这种情况下,应就以下几个方面补充几点建议:教师培训的内容;教师接受继续教育的机会;提高基础教育教师的地位;教师更多地接触贫穷的和处于社会边缘的社会阶层,他们在那里可以帮助青少年更好地融入社会。

这也是为使教育系统不仅拥有训练有素的教师和教授,而且也拥有进行高质量教育所必需的手段——图书、现代传播工具、学校的文化和经济环境等而提出的辩护词。

委员会注意到目前教育的具体情况,因此十分强调传统工具(如图书)或新工具(如信息技术)的数量和质量;对上述工具应有区别地加以使用,并应鼓励学生积极参与。而教师,尤其是中学教师则应分成小组集体工作,由此促使课程具有灵活性。这样做会避免失败,会发现学生的某些天资,因此也有助于从终身教育角度更好地进行个人的学业和职业指导。

从这一角度来看,改进教育体系需要决策者承担其全部责任。决策者不能任凭事物自然发展,好像市场可以纠正各种缺陷,好像只靠什么自动调节就足以解决问题似的。

正因为委员会相信决策者的重要性,它才更加强调了价值的永久性、未来的要求、教师和社会的义务;在考虑到所有因素的情况下,决策者自己便可独自挑起教育迫切需要的、人们普遍关心的争论,因为这是大家的事,因为是我们的共同未来受到威胁,因为教育恰好可为改善每个人的命运和大家的命运作出贡献。

这就必然促使我们强调公共当局的作用,它们有责任明确提出各种选择方案,并在同所有当事人广泛协商后,选择一种公众政策,这种政策为教育系统的任何结构(公立的、私立的或混合的)指出方向,奠定教育系统的基础并确定要点,通过进行种种必要的调整对其进行管理。

当然,在这方面作出的所有决定都有财政影响。委员会不会低估这方面存在的困难。它不想论述各种各样的教育体系的复杂性，但它认为，教育是一种集体财产，人人都应有受教育的机会。如同意这一原则，就有可能按照考虑到每个国家的传统、发展阶段、生活方式和收入分配情况的不同方式，将公共资金和私人资金结合起来使用。

不管怎样，机会均等的原则应支配有待进行的各种选择。

在讨论期间，我曾提到一个比较彻底的解决办法。既然终身教育正逐步成为现实，我们可以考虑给每位即将开始学习的青年发放一种证明他有权享受一定年限教育的时间信用证，他有权享受的时间将记入一个机构的账户，该机构负责以某种方式为每个人管理所选择的时间"资本"和相应的资金。每个人均可根据自己的学历和所作的选择使用这种资本。他可以保留部分资本，以便能在其离校后的成人生活中得到继续培训的机会。他也可以通过在其"选择时间银行"的账户上存款——一种教育专项储蓄——的方式增加其资本。经过深入讨论，尽管意识到可能会出现偏差，甚至会损及机会均等，但委员会仍支持这种想法。因此，在目前情况下，我们可以在义务教育阶段结束时试发一种教育时间信用证，从而使青少年能够选择自己的道路，而不主动放弃自己的未来。

总之，在宗滴恩基础教育会议这一重要阶段之后，如果要指出一件刻不容缓的事情的话，那就是应引起我们注意的中等教育。实际上，千百万男女青年的命运是在小学毕业与进入职业生活或小学毕业与进入大学这两者之间决定的。在我们的教育系统中，极端尖子主义，因总体适应能力不强或惰性而无法适应教育大众化，都使这方面出现了问题。当这些青年面临青少年时代的种种问题时，当他们觉得自己已比较成熟而实际上很不成熟时，当他们对自己的前途并非无忧无虑而是忧心忡忡时，必须为他们提供学习和探索的场所，为他们提供考虑和准备自己的未来的手段，根据他们的能力提供多种职业前景，而且还必须尽量使其前途不受妨碍，并随时可以弥补职业发展道路上的损失或矫正前进的方向。

序言　教育：必要的乌托邦

扩大地球村的国际合作

委员会已注意到在政治和经济领域越来越借助于开展国际一级的行动来寻求对各种世界性问题的令人满意的解决办法，这仅仅是由于存在着不断增加的相互依赖现象，这种现象曾多次被强调。委员会对所获成果甚微表示遗憾，并强调必须对国际机构进行改革，以改进其活动的效果。

如果其他情况都一样的话，那么这种分析也适用于社会和教育领域。这里有意强调了1995年3月举行的旨在研究社会问题的哥本哈根首脑会议的重要性。教育在会议通过的方针中占有重要地位。这促使委员会在这方面提出了几点建议，这些建议涉及以下问题：

● 制定有利于女青年和妇女教育的强有力的鼓励政策，这完全符合北京会议（1995年9月）的精神；

● 把发展援助的一个最低限度百分比（总数的1/4）用于资助教育，这种有利于教育的趋向也应适用于各国际金融机构，首先是已在发挥重要作用的世界银行；

● 发展"债务与教育之间的交换"，以补偿调整政策以及减少内债和外债政策对用于教育的公共开支的不利影响；

● 将所谓信息社会的新技术传播到所有国家，以防止在富国和穷国之间形成新的鸿沟；

● 调动非政府组织以及民众中所蕴藏的巨大潜力，这会极大地促进国际合作。

这几点建议属于伙伴关系而不属于援助的范围。经过许多失败和徒劳无益的努力之后，经验促使我们发展伙伴关系。世界化也迫使我们这样做。一些先例使我们受到鼓舞，如在一些地区组范围内进行的成功合作与交流，欧洲联盟尤属这种情况。

建立伙伴关系的另一个理由是，它可以促使双方都从中受益。因为，如果说工业化国家可通过提供其成功的经验、技术、财政和物质手段等方式援助发展中国家的话，它们也可以向后者学习其文化遗产代代相传的方式、儿童社会化的途径，更重要的是学习不同的文化和生活方式。

委员会希望会员国能使教科文组织拥有必要的资源，使其能够在委员会提交给教科文组织大会的方针范围内振奋合作伙伴的精神和推动它们的行动。本组织可通过传播已经成功的革新、帮助建立基于非政府组织基层行动的网络等方式来这样做，建立这种网络的目的可以是发展高质量的教育（教科文组织教席），或是促进研究领域的合作伙伴关系。

在适当发展为高质量的教育服务的新的信息技术方面，我们认为本组织也应发挥核心作用。

更为重要的是，教科文组织应为和平及人与人之间的相互谅解服务，其途径是强调教育的价值，把教育作为和谐精神的一种表现，这种和谐精神产生于作为我们地球村的活跃分子而共同生活，为了后代的利益而构思和筹划的愿望。教科文组织应在这方面为和平文化作出贡献。

＊　　＊　　＊

委员会在给其报告选定题目时，想到了拉封丹的寓言诗《农夫和他的孩子们》：

(农夫说：)
千万不要把祖先留给我们的产业卖掉，
因为财富蕴藏其中。

教育乃是人类从其自身学到的一切。略微改动一下诗人赞美劳动的诗句，我们可以让他这样说：

而老人是明智的，
他在临终前告诉儿子们：
教育是一种财富。

委员会主席
雅克·德洛尔

第一部分 前景

第1章 从基层社区到世界性社会

当今存在着一个世界舞台,无论人们愿意与否,每个人的命运在一定程度上都在这个舞台上决定。全球在经济、科学、文化和政治方面的相互依赖关系正日益加深,这种关系是由在自由贸易主义理论推动下出现的经济和金融边界的开放所造成,因苏联的解体而得到加强,并有信息新技术作为其依托。尽管普通人对其只有一种模糊的感受,但全球的这种相互依赖关系已成为各国领导人必须正视的现实。对国际关系的这种"全球化"的普遍意识本身也是这一现象的一个方面。尽管这个新世界的出现会给人以美好的希望,但是,由于其难以被人们所清楚地认识,而要预言则更加困难,因此造成了一种令人疑虑乃至担心的状况,从而使争取真正从全球角度来处理和解决问题的这种探索更加犹豫不前。

人口越来越多的地球

在介绍现代世界各种活动的全球化所具有的不同形式之前,先让我们用几个数字[1]来说明一下世界人口的急剧增长情况。因为,在一定程度上可以说,对上述问题的研究离不开对世界人口迅速增长这一背景情况的分析。尽管最近20年来出生率指数略有下降,但由于过去的增长,全球人口仍然在不断地增加:1993年达到55.7亿,2000年可能达到62.5亿,2050年则可能达到100亿。

---

[1] *The State of World Population 1993*, New York, UNEPA, 1993.

在这一总的情况下,各个地区之间存在着巨大的差别。发展中国家的人口在全世界人口总数中的比例从1950年的77%增长到了1990年的93%;到20世纪末,将达到95%。工业化国家的情况则恰恰相反,人口的增长不是速度减缓就是完全停止,而出生率也只是相当于或低于能够传宗接代的水平。在这些人口增长率低的国家中,超过65岁的老年人的比例将直线上升,从1990年的12%增至2010年的16%和2025年的19%,人口的老龄化势必会影响到其生活方式和生活水平及公共消费资金的筹集。在别处,15岁以下的年轻人的绝对数增长很大,从1950年的7亿增至1990年的17亿。因此,对教育系统造成了一种空前的压力,对教育的需求已经达到而且有时是远远地超过了其力所能及的程度。目前在校青少年的人数已超过10亿(占世界总人口的大约1/5);而1953年才只有近3亿在校青少年。①

图1 1980—2010年世界人口年龄结构变化情况

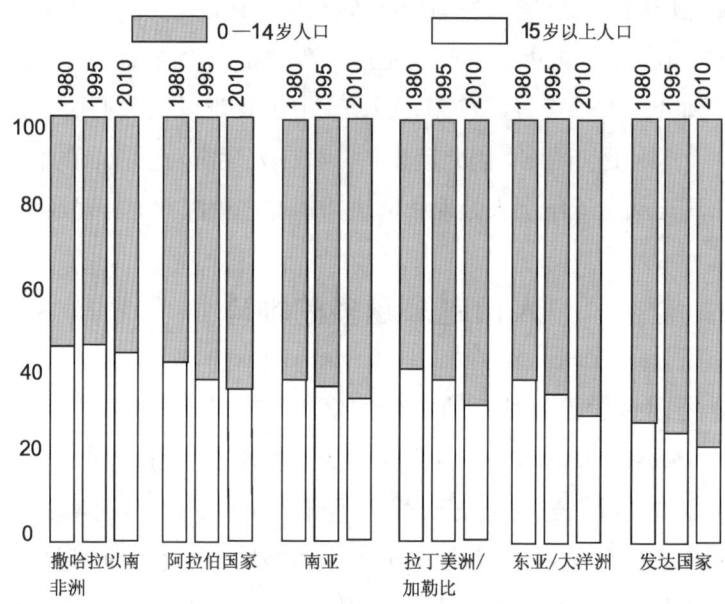

教科文组织统计处收集的数据。 所有地区均符合教科文组织所用术语。 原苏联各国,其中包括地处亚洲的国家,均归入发达国家一类。

---

① *World Education Report 1995*, Paris, UNESCO, 1995.

在技术已使时间和空间距离缩短的这样一个历史时刻，世界人口的这种增长致使世界上各方面的活动有了日益密切的关系，在人们并非一定就注意到的情况下，使某些决定具有了全球意义。这些决定的后果无论是好是坏，均将直接影响到过去所从未有过的如此众多的人。

人类活动范围的世界化走向

在过去25年中，首先是在经济方面出现了全球化的现象。信息技术的进步加快了金融市场放开价格和打破分隔状况的步伐，很快便使人们感到这些金融市场再也不是由几个大的金融市场统治的巨大的世界资本市场内的一些相互隔离的封闭市场。所有的经济从此都得依赖于规模越来越大的大量资本的流动，即大量资本根据利率差别和对经济前景的投机性预测，一转眼便从一个金融市场转入另一个金融市场。这些全球性金融市场按照其自己的逻辑，注重短期行为，不再是仅反映某个特定国家的经济困难，而且有时似乎是按照自己的逻辑决定着各个国家的经济政策。

工业和商业活动渐渐地受到了这种边界开放的影响。外汇市场上的货币波动情况会立即反映到商品市场和原材料市场上，而且一般来讲，由于经济上的相互依赖关系，最发达国家的工业危机均会在全世界引起共鸣。至于大企业的战略，则不得不考虑到这些变化不定的情况和这些新型风险。

这种新格局使某些工业化国家的形势恶化，并使为这些国家提供原材料的发展中国家的形势也相应地恶化。与此同时，世界贸易的扩展给许多国家带来了好处。1970—1993年，世界出口增长速度比国内生产总值的增长速度平均高出1.5个百分点。某些国家的这种增长速度差距更加明显，尤其是在1980—1993年这一时期：韩国超过了3个百分点，泰国则超过7个百分点。从中可以得出这样一种结论，即世界增长，尤其是在那些增长最快的国家中的增长，很大程度上是由出口促成的。从各国经济的整体情况来看，商品和劳务的出口在国内生产总值中所占比例已从1970年的14%增至1993年的21%，而中国则从3%增至24%，印度尼西亚从13%增至28%，马来西亚从42%增至80%。① 这些数字充分证明了世界相互依赖的概念。

与此同时，全球化重新画定了世界经济地图。扎根于世界贸易之中的一些新的经济增长热点已经出现在太平洋地区。北方国家（发达国家）和南方国家（发展中国家）的划分已不是那么能说明问题，因为大部分观察家认为，如今应当将发展中国家划分为几种不同的类型，而且可以人均国内生产总值、发展速度或联合国开发计划署制定的人的持久发展标准作为分类标准。这就是说再也不能用处理拉丁美洲各国问题的方式来处理撒哈拉以南非洲在世界经济中地位的问题了。然而，从总体来看，全球化要求每个国家必须具备一些特殊的优势，只有这样才能参与世界经济关系的发展，全球化使发展的成功者和失败者之间的差距更加明显。

全球化的另一个特征是，科学与技术网络的形成将全世界各研究中心和大企业联系起来，而这种网络的形成可能会使现存的这些差别变得更加严重。能进入网络的主要是能为其作出某种贡献者（提供信息或资金），最贫穷国家的参与者（研究人员或企业家）很可能被排斥在外。这样，知识的差距将会进一步扩大，致使那些缺乏知识的国家与这方面的重要活动更加无缘。

最后，更加危险的是，全球化现象也同样出现在犯罪活动方面。边界更加开放，信息和货币更加畅通无阻，从而为走私、毒品、武器、核原料甚至贩卖人口等非法交易，为恐怖主义分子和犯罪分子拉帮结网和"洗钱"现象的发展提供了便利条件。

信息传播全球化

新技术使人类进入了信息传播全球化的时代；它们消除了距离的

---

① *World Development Report 1995. Workers in an Integrating World* (published for the World Bank), New York/Oxford, Oxford University Press, 1995.

障碍，正十分有效地参与塑造明日的社会。由于这些新技术，明天的社会将不同于过去的任何模式。最准确和最新的信息可以提供，而且往往可以实时地提供给地球上的任何人使用，并能达到最偏僻的地区。不久以后，人机对话的技术将使人们不仅能发送和接收信息，而且能不受距离和运作时间限制地进行对话、讨论、传递信息和知识。然而，不应忘记的是，还有许多处境不利的人们，尤其是缺电地区的居民仍被排斥在这种进步之外。还应提及的是，世界上有一半以上的人口尚未享用电话网提供的各种服务。

图像和言论在世界范围的自由流通预示了未来世界及其所包含的麻烦，它不但改变了国际关系，而且改变了人们对世界的认识；这是促使世界化加快步伐的主要因素之一。但是这种自由流通也具有其消极的方面。信息系统仍较为昂贵，许多国家难以采用。拥有这种信息系统的大国或私营集团正是因为掌握了这些信息系统而具有了真正的文化和政治影响力，而且尤其是对那些未受过任何必要教育，因而不会分析、理解和评议所获信息的人们具有这种影响力。少数国家几乎对全部文化产业的垄断及其产品在全世界广大公众中的日益广泛的传播，对各种文化特性具有很强的侵蚀作用。这种虚伪的"世界文化"，尽管非常单调而且内容往往极其贫乏，但并不会因此而不宣扬某些隐晦的价值观，而且还可能会使那些受到其影响的人产生一种失落感和失去特性的感觉。

纵横交错的传播网使世界随时都能听到自己的声音，从而使所有人都真正成为近邻。如果我们想把握住这些传播网络的迅速发展，那么教育不容置疑地应发挥其重要作用。

全球相互依赖的多种表现形式

公共部门和私营部门的有关决定和行动在世界范围引起连锁反应的现象，首先发生在经济和技术活动方面，而目前正逐步地扩大到人类活动的许多其他领域。这种连锁反应的影响，例如对环境的影响，大大超出了国界，而且我们可以看到，工业化的消极影响的分布情况非常不合理，受这种影响最大的往往是最不发达国家。

　　各种问题的这种"全球化"还有其他一些涉及社会生活对教育系统有直接影响的表现形式。国际移民现象就是其中之一。这种大规模的人口流动在历史上由来已久，不同时代和不同地区的形式大不相同，一直持续到现代，并很有可能进一步扩大。① 的确，移民压力有增无减：因为，世界经济的不均衡增长不但没有缩小各国之间的差距，反而使之变得更加严重。这种情况的出现还有许多其他的因素：发展中世界的大部分地区仍然保持着人口的迅速增长；农村人口继续外流，或农村地区边缘化；快速的城市化；通过更为繁荣的国家的传媒粗略了解到的这些国家的生活方式乃至其某些价值观所产生的吸引力；交通工具的速度更快并且更加便宜。除了"经济"移民之外，当冲突爆发时，还有政治难民和要求避难者，20世纪80年代和90年代，这类难民在世界某些地区的国际人口流动中占有主要位置。例如在非洲，现在有500万难民，其中大部分是妇女和儿童。② 移民是一种复杂的社会现象，因为它造成居民迁移和杂居，是和材料或成品交换一样具有世界意义的经济现象，是一种对有关的人来说往往富有悲剧性的人类历险记，它对移民输出国和接收国的影响，尤其是在教育方面对后者的影响均大大超过了统计资料所反映的情况。因为移民现象是全球相互依赖关系的一种日常的、生动的表现形式，所以接收国对移民的接待和移民们自身融入其所处人类环境的能力，都是衡量一个现代社会对"外来事物"的开放程度的标准。

移民现象面面观

　　历史上有过这样一些时期，移民使劳动力得以转移到更缺少劳力的地方，从而在经济和社会方面发挥了重要的调节作用。然而，旅行的费用和困难条件一直是主要的障碍，直至20

---

① *The State of World Population 1993*, op. cit.

② Pan-African Conference on the Education of Girls, Ouagadougou, Burkina Faso, 28 March to 1 April 1993, *Educating Girls and Women in Africa*, Paris, UNICEF/UNESCO, 1995. （UNESCO doc. ED. 95/WS.30.）

世纪随着交通费用的下跌才跨过了这一难关。劳动力的流动从此有了明显的加强,尽管民族国家的兴起加强了移民控制。如今,移民的流动已涉及越来越多的原籍国和接收国:目前,至少有1.25亿人居住在其原籍国之外。移民越来越多地来自穷国,而且他们在接收国的逗留时间有缩短的趋势。去国外工作的高级人才的人数也越来越多。最后,我们还看到,由于地区冲突和东西方格局的瓦解,难民人数有了明显的增长。

现在有一半以上的世界移民是在发展中国家之间流动,例如,南亚各国的国民去中东石油国家和东亚的新兴工业化国家,比较成功的撒哈拉以南非洲国家正在吸引着更贫穷的邻国的劳工。南非、科特迪瓦和尼日利亚已经接收了将近1/2的众多非洲移民。

[……]

最近,亚洲经济的繁荣,尤其是韩国、日本和马来西亚的经济对临时工的需求出现了增长。因此,对苏联解体后会在该地区内部出现或向西方流动大规模移民的担心并未成为现实。

向工业国家移民的趋势有所加强,而且大多数移民目前均来自发展中国家。在澳大利亚、加拿大和美国,来自发展中国家的移民流入人数慢慢地有了增长,1993年达到了每年90万人。西欧在20世纪60年代经济蓬勃发展时期才开始大量招聘劳工。在1973年的石油冲击之后,紧接着发生了经济衰退,出现了鼓励外国劳工返回家园的情况。移民人口在80年代初曾暂时出现过下降,但很快又再次增长,达到了每年18万人。与60年代的情况相反,这次增长是在失业增加的情况下出现的,这种失业的增加,在美国和全欧洲造成了社会紧张局势并助长了仇外情绪。

资料来源:*Human Development Report 1992*(published for UNDP),p.57,New York/Oxford,Oxford University Press,1992.

未来问题的另一个方面是语言繁多，这是人类文化多样性的一种表现形式。目前，估计世界上有6 000种语言。其中，超过1亿人使用的语言仅有12种左右。最近几年中，人口的流动有了迅速的增长，尤其是在大城市中形成了一些新的语言环境，鲜明地反映了上述多样性。此外，随着人口流动的日益增强和传媒的发展，有助于国内和国际上讲不同语言者之间进行交流的各种通用语言已具有越来越重要的作用。由于各国语言状况的复杂性，很难提出能够适用于各种情况的任何建议。然而，有一点是可以肯定的，即在双语甚至三种语言课程中，应将学习广泛使用的语言与学习地方语言结合起来，这种做法在世界上一些地区已成为一种规范。在多种语言的社会中，如果条件允许，先使用母语扫盲，然后才逐步过渡到学习某种通用语言的做法，往往被视为更有利于儿童的学业进步。

一般地说，不应单纯地认为语言的多样性是影响不同人群之间进行交流的障碍，而应将其视为一种丰富知识的源泉，从而强调加强语言教学。不应将全球化和文化多样性二者的要求视为对立的矛盾，而应将其视为具有互补作用的两个方面。

一个危险重重的世界

1989年苏联的解体翻开了历史的一页；但是，反常的是在过去几十年的"冷战"结束后，世界却变得更加复杂和不安定，而且可能更加危险。过去，可能是"冷战"长期掩盖了国与国之间、民族与民族之间和宗教团体之间的各种潜在的紧张关系。而如今，这些紧张关系均将重新暴露出来，成为动荡的起因或公开冲突的原因。进入这样一个"危险重重"或给人以这种感觉的世界，而且对其许多方面仍琢磨不透，这是20世纪末的特点之一，它打乱了世界的意识，并要求全世界进行深刻的反思。

无疑，我们应当看到某些集权制度的失败是自由和民主的一大进步。但是还有许多工作要做，揭示世界未来所面临的重重危险使观察家发现了许多反常的现象：集权制虽然很脆弱，但其影响仍持续存在；在民族国家走向衰落的同时，民族主义却在上升；和平似乎比"冷战"时期更容易实现，而战争也似乎更容易爆发。①

对人类共同命运的担心正以一种新的形式表现在各个方面。储备武器，包括核武器，已不再是为了威慑，借以防止两个集团之间可能发生的战争，而是为了拥有最先进的武器而普遍开展的军备竞赛。②

然而这种军备竞赛不再仅仅涉及几个国家；它现在涉及不具有公共机构特征的一些实体，如某些政治集团和某些恐怖主义组织。即使解决了核试验的非扩散问题，世界依然会受到一些新的、十分先进的化学或生物武器的威胁。除了各国之间可能发生的冲突之外，还有可能发生内战和普遍的暴力行为，这些危险使主要国际组织，尤其是联合国及各国政府感到无能为力。

全球居民无人能保证自己不受暴力行为的威胁，均对自己未来的命运感到无把握，除此之外，大家普遍有一种模糊的感觉：团结意识从未像现在这样强烈，但与此同时，分裂和冲突的可能也从未像现在这样多。

尽管人们对这些危险的担心尤其因有大量有关暴力影响的报道而十分普遍，但这种形势发展的受益者的担心程度并没有受害者那样强烈。每个人都深深地感到，面对这些迅速变化的冲击，应当防备这些危险或至少控制这些危险，将其减少到最低程度。但是，某些人由于经济或政治方面的原因对控制这些现象无能为力。因此，整个世界的危险是，他们可能成为那些想通过暴力夺取政权者的人质，甚至成为他们的雇佣。

局部与全球

对未来缺乏清楚的了解所造成的不安，与对地球上现存的大量差异及其所造成的"局部"和"全球"之间的种种紧张形势更加敏锐的认

---

① See Pierre Hassner, *La violence et la paix*, Paris, Éditions Esprit, 1995.

② *Our Global Neighbourhood*, the Report of the Commission on Global Governance, p.13, Oxford, Oxford University Press, 1995.

识交织在一起。

相互依赖关系的发展暴露了种种不平衡现象：富国与穷国之间的不平衡现象；各国内部富人和受排斥者之间的社会分裂；滥用自然资源导致环境迅速恶化。正如大多数国际报告所指出的那样，发展的不平衡现象时有加剧，最贫穷的国家现在真是不知所措。这些非常明显的不平等现象随着信息和传播手段的发展越来越被人们所了解。传媒对富人的生活方式和消费方式所作的往往是片面炫耀的介绍，却使最贫穷的人产生某些怨恨、失望，甚至是敌视和反感。对富国来说，它们再也不能对国际上应积极团结互助，以逐步建立一个更加公正的社会，保障共同未来为目的的迫切需要熟视无睹了。

此外，在两个世纪交接之际，我们目睹的人类社会的迅速变革是一种双向发展：走向世界化（这一点我们在前面已经谈到），同时更加注重寻根，在各个方面具体地追根究底。因此，对于那些正亲自经历这一变革或应设法把握其发展方向的人，这一变革在翻天覆地的变化中造成了许多矛盾的紧张状况。

人们受到自己往往无法真正参与的，而且在某种程度上还可能与自己同各个不同的基层社区的隶属关系发生冲突的全球现代化的困扰，在致使自己判断事物的通常标准模糊不清的现代世界的复杂性面前感到茫然。而且这种感觉中还掺杂着其他许多因素：对可能损害自己尊严的灾难或冲突的害怕；在就业结构变化造成的失业这类现象面前，有一种易受伤害的感觉；在似乎只有少数特权人物才能参与的世界化面前有一种无能为力的感觉。由于对这些危及自己生存基础的现象十分担心，现代人很可能将其所属群体之外的各种演变均看作是威胁，并又有些反常地被那种逃避现实的虚幻的安全所吸引，有时还为此而排斥他人。

至于那些应在民族国家的组织结构中起主要决策作用的领导者，他们可以说是上要适应全球化的迫切需要，下要符合基层社区需求，他们的困惑不同，但原因却完全一样。由于被一些连续不断地突然发生的、往往是未预料到或预计有误的事件搞得手足无措，尚来不及总结出一套可靠的行动标准，政治决策人的态度会反复变化，有时似乎是在相互对立的立场之间游移不定，而实际上这还是他们慌乱的表现。

总之，无论是政府、社会还是个人。困难就在于能否做到克服目前人类许多活动中所存在的各种相互对立的紧张形势。

了解世界，了解他人

帮助将事实上的相互依赖变成有意识的团结互助，是教育的主要任务之一。为此，教育应使每个人都能够通过对世界的进一步的认识来了解自己和了解他人。

为了能够领会世界上各种现象的日益复杂性，并战胜它所引起的失落感，每个人均应首先获得一整套的知识，然后学会正确地观察和分析各种事物，以批判的精神来对待大量流通的信息。在此方面，教育比以往任何时候都更为明确地显示出它在培养判断力上的不可取代的作用。它有助于超越传媒有时提供的简化的或歪曲的看法，真正地了解所发生的各种事件，并能十分有益地帮助每个人成为我们眼前正出现的这个动荡不定的世界的一个公民。

要了解这个世界，当然要了解人类与其环境的关系。这并不意味着要在已经超负荷的课程中增加新的学科，而是要同时借助自然科学和社会科学，从全面看待人类与其环境之关系的角度出发重新安排教学。也可以从终身教育角度为所有公民提供这种培训。

此外，全球范围的团结互助还意味着要克服闭关自守的倾向，在尊重多样性的基础上了解他人。教育在这方面的责任既重要又棘手，因为特性的概念可有双重解释：表现自己的差异，追溯自己的文化根源，加强自己群体的团结，都可以成为每个人的一种积极的和争取自由的行为，但是，如果理解错误，这种要求也可能使与他人的接触和对话变得十分困难甚至成为不可能。

因此，教育不但应致力于使个人意识到他的根基，从而使他掌握有助于他确定自己在这个世界中的位置的标准，而且应致力于使他学会尊重其他文化。有一些课程在这方面具有十分重要的意义。例如历史课,它往往是以突出表现差异和颂扬优越感的方式来强调民族特性,主要原因是这种课程的指导思想不科学。反之,强调真实的方法则有助于使人们承认"人类各群体、各国人民、各民族、各大洲并非都一样",从而"迫使我们放开眼界,接受差异、承认差异,并认识到其他人民也有一种丰富的和有教育意义的历史"。[①]因此,对其他文化的了解可以使人们产生双重意识:不但意识到自己文化的独特性,而且意识到人类共同遗产的存在。

了解他人才能更好地了解自己。事实上,任何形式的特性都是复杂的,因为每个人与其他个人、集体及其所属各个群体的关系均在不断地变化。认识到除了家庭、当地社区甚至本民族社会这些范围多少有限的群体之外的多种关系,可以引导人们寻求有助于建立教科文组织《组织法》中宣布的"人类理性与道德上之团结"的共同价值观。

因此,教育在建设一种更加团结一致的世界方面负有特殊的责任。委员会认为,教育政策应有力地体现这种责任。教育应当有助于一种可以说是新型的人道主义的产生,这种人道主义应有主要的伦理标准并十分注重了解和尊重不同文明的文化和精神价值,这是对只从经济主义和技术主义观点理解全球化的必要的抗衡力量。归根结底,享有共同的价值观和共同命运的意识,是一切国际合作项目的基础。

青年与世界遗产

为了使青年意识到保护受到污染、人口压力、战争和贫困严重威胁的世界自然和文化遗产的必要性,教科文组织在罗纳-普伦克基金会和挪威国际开发署的资助下,于1994年开展了名为"青年参与保护和促进世界遗产"的地区间项目,目的是使他们意识到他们自己的文化和历史的价值,引导他们了解和尊重其他文化,从而使他们感到自己今后对人类遗产所负有的共同责任。

[①] 勒内·雷蒙在1995年2月6日对委员会所作的演讲。

参加该项目的近50个国家的教师和学生了解了《保护世界文化和自然遗产国际公约》的精神和实际作用。1972年通过的这项公约目前已应用于100多个国家的469处著名的文化和自然遗址，例如：中国的长城、埃及的金字塔和加拉帕戈斯群岛。

在从不同学科（如历史、地理或语言）的角度收集了本国或其他地区有关遗址的资料之后，学生们到现场去参观或组织了一些有关这些遗址的宣传活动。某些班级初步学会了一些进行修复工作所不可缺少的传统手工艺技术。1995年6月，在卑尔根（挪威）举办的关于世界遗产的国际青年论坛上，学生和教师交流了所取得的经验。该项目的最终目标是将有关遗产的教育纳入全世界的教学课程。

提示和建议

- 全球的相互依赖和全球化是当代的重要现象。它们已经在发挥作用，并将为21世纪留下深刻的烙印。这就要求人们从现在起，在大大超越教育和文化领域的范围内对国际组织的作用和结构进行全面思考。
- 主要的危险是：有能力在这个正在出现的新世界中找到出路的少数人，与感到自己受各种事件的摆布，无力影响共同命运的大多数人之间出现了分裂，并有出现民主倒退和各种反抗的危险。
- 应当作为我们的指导思想的乌托邦是：在接受我们的精神和文化差异的基础上，使世人有更多的相互了解，更有责任感和更加团结。教育有助于人们获得知识，因而在完成这项世界性任务方面有非常明确的作用——帮助人们了解世界和他人，从而更好地了解自己。

第 2 章　从社会团结到民主参与

任何人类社会的团结，都源于一整套共同的活动和计划，也源于共同的价值观，而这一切又是共同生活愿望的各个方面的具体体现。随着时间的推移，这些物质的和精神的联系不断相互加强，并在个人和集体的记忆中成为广义的文化遗产，这一遗产又正是人的归属感和休戚与共感情的基础。

在全世界，各种形式的教育的使命都是在人与人之间建立一种基于共同准则的社会联系。使用的教育手段就像文化和环境那样多种多样，但是不论在什么情况下，教育的主要目的都是使人作为社会的人得到充分的发展。教育是文化价值的传播工具，是有助于适应社会生活需要的环境的创造者，也是使共同计划成形的熔炉。

今天，在一些本身就受到社会联系混乱和破裂威胁的社会内，这些不同的适应社会生活需要的方式正在经受严峻的考验。教育系统因而受到重重压力，因为它既要尊重个人和群体的多样性，又要维护那些遵守共同准则的需要所含的一致性原则。在这方面，教育不得不应付巨大的挑战，而且处于一种看来几乎无法克服的矛盾之中：一方面，人们指责教育是许多排斥现象的根源，加剧了社会结构的裂痕；另一方面，又要求教育提供帮助，以恢复20世纪初法国社会学家埃米尔·迪尔凯姆所说的"集体生活必需的相似性"中的某些内容。

面对社会联系方面的危机，教育应担负起这样一项艰难的任务，即把多样性变成个人之间和群体之间相互了解的一个积极因素。因此，教育的最大雄心是确保每个人拥有必要的手段，去自觉地、积极地发挥一个公民的作用,而充分发挥这样的作用只有在民主社会中才有可能。

经受着社会联系危机考验的教育

有史以来,人类社会经历了许多冲突,这些冲突在极端情况下均给社会团结造成了威胁。然而我们今天不能不指出,在世界上的大多数国家中,存在着一系列预示社会团结会发生尖锐危机的现象。

首先应指出的是,由于贫困和排斥现象越来越严重,不平等情况日益加剧。这里指的不仅仅是已经提到的世界各国或各地区之间存在的差异,还有发达国家和发展中国家内部各社会群体之间出现的严重分裂。因此,1995年3月6—12日在哥本哈根举行的社会发展问题世界首脑会议对目前的社会形势作了令人不安的描述,同时特别指出,"世界上现有10亿以上的人生活在赤贫之中,其中大多数每天都在忍饥挨饿","据官方统计,全世界现有1.2亿多人失业,还有更多的人处于就业不足状态"。

虽然发展中国家的人口增长影响了生活水平的提高,但是其他一些因素正在加深世界上大多数国家的社会危机感。伴随着移居或农村人口外流而来的背井离乡,家庭的解体,混乱无序的都市化,近邻的传统连带关系的破裂,这一切使发达国家和发展中国家的许多群体和个人陷入孤立,处于社会的边缘。当今社会既有社会危机又有道德危机,同时暴力和犯罪行为也在增多。近邻关系的破裂体现为种族间的冲突剧增,这似乎是20世纪末的一个突出特点。能够增强内聚力的价值观普遍遭到各种形式的怀疑。特别严重的是,被视为现代社会团结基石的民族和民主这两种概念也遭到怀疑。19世纪在欧洲确定的那种"民族国"概念在某些情况下已不再是唯一的参考依据,而与个人的关系更为密切的、存在于更小范围的其他一些归属形式都有进一步发展的趋势。与上述情形不同,但可能有补充作用的情况是,世界上有些地区正在走向整个地区的广泛的跨国联合;尽管这些联合还仅仅限于经济活动,但是它们已经勾勒出新的认同区域的轮廓。

相反，在某些民族中，离心力正在疏远或破坏集体与个人之间的通常关系。例如，在原苏联各国，苏维埃制度一解体，国家领土便随之分裂。此外，民族国的思想与强有力的国家中央集权思想的结合本身，就可以说明为什么对它产生了偏见，而公民社会的参与需要和进一步非集中化的要求又在加深这种偏见。

另外，民主概念也正在受到不合常理的怀疑。因为，这一概念只要符合一种能通过社会契约致力于使个人自由与社会的共同组织形式相协调的政治制度，那它就会无可争辩地得到进一步发展，并完全适合全世界广泛存在的个人自主要求。但是，在有代表性的民主形式下运用民主概念，却在那些最初倡导过民主思想的国家里同时遇到了一系列困难。政治代表性制度和构成其特点的施政模式时而面临危机：统治者和被统治者之间日益加深的鸿沟，新闻媒体激起的一时性感情反应过于频繁的出现，因新闻媒体主持辩论而出现的"表演式政治"，甚至政界的腐败现象，所有这些都在使一些国家面临这样的危险，即出现"审判官政府"，以及公民对公共事务日益不满。此外，许多国家也都在经历着社会政策危机，这种危机正在破坏团结一致制度的基础，而该制度依靠福利国家的保护，曾显示出有能力以民主的方式调解经济、政治及社会方面的矛盾。

因此，可以说应当重新创造民主理想，或至少应使其重新具有活力。不管怎样，民主理想应始终位于我们优先事项的前列，因为没有其他的国家或公民社会的组织方式能声称可以取代民主，同时又有助于开展好促进自由、和平、真正的多元化和社会正义的共同行动。认识当前的困难，决不能导致气馁，也不能成为偏离通向民主的道路的借口。这是一个持续不断的创造过程，需要每个人作出贡献。如果每个人都通过教育加强了自己的民主理想和实践，那么他的贡献就更有积极意义。

这里涉及的问题，实际上就是每个人是否有能力作为既了解集体关注的重大问题，又关心参加民主生活的真正公民发挥作用的问题。这是对政治家们的挑战，然而也是对教育制度的挑战；因此，应当确定教育制度在整个社会运作中的作用。

教育与反排斥斗争

教育倘若努力考虑个人和群体的多样性，同时避免自身成为社会排斥的因素，那么它就能够成为促进团结的因素。

事实上，尊重个人的多样性和特性是一个根本原则，这一原则应导致摒弃任何标准化了的教学形式。正规教育系统常常受到不无道理的指责，说它限制个人的充分发展，因为它强迫所有儿童接受同样的文化和知识模式，而不充分考虑个人才能的多样性。例如，正规教育系统越来越趋向于优先提高抽象认识，这很不利于提高人的其他素质，如想象力、交往能力、对领导集体劳动的兴趣、美感或灵性、动手能力等。儿童的天赋和天生兴趣从他们出生之日起就是各不相同的，因此他们不可能从社区的教育资源中得到同样的好处。他们甚至可能因为学校不适于发挥自己的才能和实现自己的愿望而处于困难境地。

除了个人才能多种多样这个问题之外，教育还必须正视组成一个社会的各个群体的丰富多彩的文化表现形式。尊重多元化是委员会的思考所依据的一项基本原则。各国的情况尽管大相径庭，但是多数国家实际上都有多种多样的文化和语言渊源这一特点。在从前的殖民地国家，如撒哈拉以南非洲国家中，原殖民国家的语言和教育模式与当地传统文化、一种或数种传统教育类型重叠在一起。打破祖传模式和殖民者带进来的模式去寻求能反映和加强自己的特性的教育形式，这主要体现在越来越多地使用地方语言进行教学方面。在土著人民或移民群体中也出现了文化和语言多元化的问题。就移民群体而言，主要是在希望融入成功与继续扎根于原有文化之间寻求平衡。因此，任何教育政策都应能够迎接这样一个重要挑战，即把这种正当的要求转化成促进社会团结的因素。特别重要的是，应使每个人能在其原初所属的往往是基层的社区内拥有一席之地，同时为其提供向其他社区开放的手段。在这方面，促进真正有助于社会团结与和平的文化间教育至关重要。

此外，教育系统本身不应导致出现排斥现象。在某些情况下有利于智力开发的竞争原则有可能适得其反，变成按学业成绩进行严格的筛选。因此，学业上的失败就成了不可逆转的事，而且经常导致社会边缘化和社会排斥现象。许多国家，尤其是发展中国家，目前都遇到了令教育决策者感到棘手的一个问题：义务教育期限的延长不合常情地恶化了社会处境最不利的和（或）学业失败的青年人的状况，而不是改善了他们的状况。即使在世界上教育经费最高的那些国家中，学业失败和辍学现象也影响到相当一部分学生。这就使两类青年之间有了鸿沟；由于这一鸿沟延伸到职业界中，它的影响就更为严重。没有毕业文凭的青年在谋职时总是处于几乎难以改变的不利地位。其中一些人因被企业视为"不可雇用的人"，便最终被排斥在职业界之外，失去融入社会的任何机会。

学业失败可产生排斥，因此它在许多情况下是某些形式的暴力或个人失控行为的根源。由于出现这些破坏社会组织结构的行为，人们便指责学校造成了社会排斥，同时又强烈要求它在社会融入或重新融入方面发挥关键作用。这些过程向教育决策者提出的问题是特别难于解决的，同学业失败现象作斗争应被视为社会的紧迫需要。委员会将在第6章就这一问题提出若干建议。

教育与社会动力：若干行动原则

为了恢复教育在社会动力中所占的中心地位，首先应通过同各种形式的排斥行为作斗争，保护教育作为一个熔炉应有的职能。因此，应当努力将那些远离教育系统的人，或那些由于所授课程不适于个人情况而退学的人，引入或重新引入教育系统。这尤其要求吸收家长共同确定他们子女的学校教育，并向最贫困的家庭提供帮助，以使其不将子女上学视为一种难以承担的机会成本。

教学亦应有特色：应通过开设尽可能多种多样的学科、活动或艺术的入门课程，并由那些既能表现出自己的热情又能阐明自己的生活选择的专家承担这些课程,来努力提高独创性。为了创造对潜在的能力和知识的承认方式,亦即社会承认的方式,应使教学体系尽可能多样化,并使各个家庭和社会上的各种机构成为教育合作伙伴。

东哈莱姆的社区与学校之间的合作:成功的主动行动

社区参与是纽约市中央公园东部各所学校运作中的一个基本特点。这些学校位于东哈莱姆区,主要接收来自收入微薄家庭的美籍西班牙人或美国黑人学生,是20世纪70年代由一批忠诚于教育事业的小学教师创建的。当时这些教师认为,家庭、社区成员和社区内各组织的参与,是确保教学质量的一个重要因素。

为此,这些教师编写和实施了一项与文化背景完全适应并考虑了地方、国家和国际政治现实的多学科教学计划。该计划围绕若干专题和项目展开,被编写得既灵活又富有活力。社区代表、工会会员、研究人员、顾问、艺术家和诗人也参与这项计划,他们在学校住上一段时间,帮助学生用不同的眼光看世界,用多种观点认识世界。此外,学生们还有将自己学到的东西付诸实践的机会:他们每周有一个上午在社区内参加劳动,往往是在社区的一个机构里实习。

学校的大门永远向家长敞开。家长则被要求每年两次到校,在他们的孩子在场的情况下,同孩子的老师交换意见。家长还对学校的各项决定有发言权。

在一些学区(如纽约各学区)少数群体学生的辍学率高达30%或40%的这一时期,中央公园东部各所学校却取得了极大的成功。在这些小学毕业的学生全部顺利学完了中学课程,一半学生随后又进入了高等学校。

资料来源: M. Fine, *Framing Dropouts*, New York, State University of New York Press,1990;D. Meier, 'Central Park East: An Alternative Story', *Phi-Delta-Kappan*, Vol. 68,No. 10,1987,pp. 753-757.

另外，重要的是把多样性和多种从属关系作为一种财富加以接受。多元化教育不仅是抵御暴力的卫士，而且是丰富现代社会的文化生活和公民生活的富有活力的源泉。在抽象的和过于简单化的普遍主义与在每一种特定文化境界之上没有更高要求的相对主义之间①，应当既肯定应有存异权，又肯定应向具有普遍意义的价值敞开大门。

在这种情况下，确定一种适合于各种不同的少数群体的教育，看来是一个需要优先处理的问题。这种教育的目标应是使各少数群体有能力掌握自己的命运。这一原则得到了委员会的一致赞同；但是除此之外，还存在一些很复杂的问题，尤其是教学语言方面的问题。在具备各项必要条件之后，应当提倡双语教育，首先在学校教育的头几年用母语教学，随后再用一种使用更为广泛的语言进行教学。然而，应当时刻注意少数群体有处于与世隔绝状态的危险。因此，应当防止那种未被正确理解的文化间平等主义将他们禁锢在少数群体语言和文化区（正在变成经济区）内。

宽容教育和尊重他人的教育作为民主的必要条件，应被视为一项综合性的持久的事业。价值观特别是宽容思想不能被作为狭义教学内容加以对待：如果想把事先确定的、不易被人接受的价值观强加于人，那么这种想法最终会使它们遭到否定，因为只有被个人自由选择的价值观才有实际意义。因此，学校至多能为一些日常的宽容实践提供方便，具体办法是帮助学生考虑他人的观点，以及诸如鼓励就一些道德难题或需要作出伦理选择的情况展开讨论等。②

然而，向青年们阐明各种意识形态的历史、文化或宗教背景应是学校所起的作用。在青年所处的社会中，在他们的学校或班级内，这些意

---

① Souleymane Bachir Diagne. *Pour une éducation philosophique au pluralisme*, paper presented at the International Study Days on 'Philosophy and Democracy in the World', organized by UNESCO, Paris, 15 and 16 February 1995.

② International Commission on Education for the Twenty-first Century, Fifth Session, Santiago, Chile, 26 - 28 September 1994, *Report*, Paris, UNESCO, 1994. （UNESCO doc. EDC/7.）会议期间介绍了一些有新意的经验，尤其是葡萄牙的经验。在该国，已设立文化间教育秘书处，而且个人社会培训被视为中小学教育的一项跨学科活动。

识形态都在吸引他们的注意力。这个有可能在外界人士的协助下进行的解释工作是一项微妙的工作,因为它不应触及敏感性问题,而且它有可能把课堂中普遍禁止的政治和宗教带进学校。然而,它能帮助学生在深知底细和不受主流思想影响的情况下,自由地确立自己的思想和价值体系,从而使自己变得更加成熟,思想更加开放。这可能是通过鼓励民主对话实现未来社会和谐的保证,也是和平的一个因素。

这些建议主要涉及学校可能做些什么,但是教育在人的一生中都应促进文化多元化,把文化多元化作为人类财富的源泉加以宣传:应当通过关于各种文化的历史和价值的信息交流,同产生暴力和排斥现象的种族偏见作斗争。

但是,民主精神不能满足于那种只是迁就相异性的最低宽容形式。这种态度虽说表面上看只是中立的,但实际上受着形势的左右;当经济或社会形势使几种文化的共处面临特别尖锐的矛盾时,这种态度就会受到形势的影响。因此,应当超越宽容的简单概念,去促进以尊重和赞赏其他文化为基础的多元化教育。

然而,问题不仅仅是培养民主精神,更为根本的是帮助学生在进入社会生活时,具备解释与个人和社会的命运有关的重大事件的能力。从这一角度看,求助于社会科学和人文科学是很重要的,因为它们均与个人生存和各种社会现象密切相关。不言而喻,历史和哲学也应在这一多学科研究中占有重要地位,因为哲学能培养民主运作必不可少的批判精神,历史则在扩大个人视野和认识集体特性方面起着不可替代的作用。不过,历史教学应超出国家范围,并应包括社会和文化方面的内容,以使对历史的认识有助于更好地理解和正确地评价现在。这是一片新的土地,有待于负责制定教育大政方针和编写教学计划的人去开发。追求的目的是将社会科学成果纳入一种有助于广泛了解历史和现实的综合性方法之中。

民主参与

公民教育与公民实践

教育不能满足于让人们接受昔日形成的共同价值观，从而把他们聚集到一起。它还应对"我们共同生活为了什么，干什么？"这个问题作出答复，并应使每个人毕生具有积极参与展望社会未来的能力。

因此，教育系统明确或暗含的使命，是使每个人为发挥这一社会作用作好准备。在当今十分复杂的社会里，参与共同的事业大大超出了严格意义上的政治范畴。事实上，社会的每一个成员在其职业、文化、结社和消费活动中，每天都应承担自己对他人的责任。因此，学校应为每个人发挥这种作用作好准备，不仅向他们传授应享受的权利和应尽的义务，还应提高他们的社会生活技能，并鼓励他们参加集体工作。

为积极参与社区生活作准备，已成为教育的一项使命；由于民主原则在全世界得到了广泛传播，这一使命就更为人们所普遍承认。在这方面有若干不同层次的行动，它们在现代民主中应当相互补充。

在最初的、要求最少的设想中，目标仅仅是根据既定的规则学习如何履行社会职责。这是基础教育应当承担的工作：当务之急是把公民教育作为初级"政治扫盲"加以开展。这种教育同宽容教育一样，不能被视为一种简单的教学科目。事实上，所追求的目的并不是以刻板的规约形式去教授一些戒律（这有可能逐步变成一种灌输），而是使学校成为民主实践的典范，以便孩子们结合具体问题了解自己有哪些权利和义务，以及自己的自由怎样受到他人行使权利和自由的限制。一整套经过试验的做法可以加强学校内的民主学习，如制定学校社区宪章、设立学生议会，开展民主制度运作的模拟游戏，办校刊和开展以非暴力方式解决冲突的练习活动。此外，公民资格和民主教育尤其是一种不受正规教育的空间和时间限制的教育，因此家庭和社区其他成员的直接参与是很重要的。

创建公民社会和在公民社会中生活：
匈牙利开展的一项实验

当马克斯韦尔公民资格和公共事务学校接受了布达佩斯的拉科奇中学和匈牙利教育研究所的邀请，同意与它们一道研究加强匈牙利公民教育和进一步负责地行使公民权利的手段时，一项题为"促进民主的教育"的计划从1990年起逐步建立了起来。该计划向教师和学生提出了若干旨在促进教育方法更新的原则。

• **历史和社会科学**的一种新方法强调就涉及各种社会现象的事实、概念和一般看法开展教学；这种方法所依据的原则是，掌握这些学科应有助于公民更好地理解公民生活中出现的各种问题。

• **法律问题入门**强调的是法律在民主制度中的主导地位，以及法律程序应遵循的基本原则的重要性。

• **深入思考**的目的是提高公民的智力水平，用以鉴别各种不同的推理和重要判断的质量和效力。

• **伦理和道德教育**应通过具体事例进行：把一些道德难题和涉及良知的事例摆在学生面前，请他们展开讨论，说明从道德观点看是一个好的解决办法为什么确实是正确的。

• **对全球层面的认识**强调这样一个事实，即掌握做一个公民的艺术应基于对其他文化中不同生活方式的理性认识，以及对各种世界性问题与大小社区生活密切相联并对社区产生影响的方式的理性认识。

• **多元化和多文化教育**要考虑民族遗产研究在该国各校引起的日益增大的兴趣。它们要求学生衡量适用于各教派教民的宗教自由原则的价值。

最后，这一新方法还强调学校必须进行改革，因为在专制性的机构内教授民主显然是矛盾的。

资料来源：Patrice Meyer-Bisch（ed.），*Culture of Democracy：A Challenge for Schools*, Paris, UNESCO, 1995.（Cultures of Peace Series.）

但是，对学生来说，公民教育则是一个复杂的整体，它既包括承认价值观，也包括获取知识和学习如何参与公共生活。因此，从意识形式上看，不能把这种教育视为中性的；学生的信仰必然受到这种教育的挑战。为了维护信仰的独立性，教育也应从人的童年起并在其一生中培养一种有助于自由思考和自主行动的批判能力。在学生成为公民时，教育将是指导他沿着一条艰难的道路行走的永久性指南；在这条道路上，他应把行使以公共自由为基础的个人权利同履行对他人及所属社区的义务和责任协调起来。因此，需要大力促进的，正是作为培养判断能力之过程的教育。但是现在出现的问题，是怎样保持个人自由与指导任何教学的权威原则之间的平衡问题；这就突出了教师在培养即将参与公共生活的人所必需的判断自主能力方面的作用。

最后，如果想在教育与参与性民主实践之间建立一种协同关系的话，那就不仅要培养每个人为行使其义务和权利作好准备，而且还应依靠终身教育去建设充满活力的公民社会，这种社会介于分散的个人与遥远的政权之间，能使每个人承担起在社区内应有的责任，为实现真正的团结互助服务。因此，每个公民的教育应在其一生中持续不断地进行，并成为公民社会和现代民主基础的一个组成部分。当人人都参与建设一个负责的、相互支持的和尊重每个人的基本权利的社会时，公民教育与民主甚至就混同在一起了。

信息社会与教育社会

这个民主要求应被置于所有教育计划的中心，它因"信息社会"引人瞩目的出现而得到加强。毋庸置疑，信息社会的出现是20世纪末的、对未来将有重大影响的事件之一。信息的数字化引起了传播界的一场深刻革命；这场革命的突出特点是多媒体系统问世和远距离信息传送网络有了惊人的发展。例如，1988年以来，互联网（Internet）的用户数量、网络数目及信息传送量每年都增长一倍。今天，与它联网的计算机已有500多万台，它的用户估计约有2 000万个。虽然由于掌握所需技术和技能的人员较少，这些网络的扩展产生的影响还很有限，但是一切都使人认为，这是一场不可避免的革命，它将使人们在越来越短的时间内传输永远是越来越多的信息。人们还注意到，这些新技术正在越来越深入地渗透到社会的所有领域。设备费用的下跌为这种渗透提供了便利，也使人们越来越有可能使用这些技术。

电子时代的学习

20世纪70年代末，个人计算机问世。可以说，它是信息技术的自行车。使用它有创造性，但只是局部的。今天，我们已有信息高速公路，而自行车便成了越野车。这对我们学习方式的影响将是不可避免的，也是巨大的。了解这些新技术的性质是重要的，这也比较简单。但是尤为重要的是就未来的发展提出问题。什么内容，什么样的人机对话方式，前述的认识活动丰富到什么程度，在寻求信息的趋同性需要与网络结构要求的趋异性探索之间存在什么关系，社会运作的新形式是什么，在个人之间的更多的接触与对私人的更多的保护这两者之间有什么样的新平衡，在这些技术更易被使用与因为使用这些技术而引起的排斥之间，以及在控制与自由之间存在着怎样的新的紧张关系？我们在这方面的工作刚刚开始。现在是切实关心和思考这些问题的时候了。

资料来源：G. Delacôte, *Savoir apprendre. Les nouvelles méthodes*, Paris, Odile Jacob, 1996.

显而易见，这场技术革命是有助于理解我们的现代性的一个重要因素，因为它正在创造新的社会化形式，甚至正在对个人和集体的特性下新的定义。信息技术的发展及其网络的扩大既便利了与他人的交流，有时是在全世界范围的交流，又加强了自我封闭和离群索居的趋势。例如，远距离工作的发展有可能扰乱企业内形成的团结合作关系，而且我们已经看到，迫使人独处于计算机屏幕前的娱乐活动日益增多。人们对这样一种变化已表露出一些担忧：一些人认为，接触这种虚拟世界可能导致失去现实感。而且有人已经指出，学习和获取知识已在某种程度上脱离正规教育系统，给青少年融入社会生活的过程带来严重影响。委员会不打算根据目前掌握的情况就详细分析这个虚拟世界对个人行为、人际行为或社会关系产生的影响。但是，这个问题已经提了出来，而且会变得越来越紧迫。

在教育和文化领域，上述新技术带来的主要危险看来是产生新的破裂和新的不平衡。这些新的不平衡可能出现在不同的社会之间，即出现在善于适应这些技术的社会与因财力不足或缺乏政治意愿而不善于这样做的社会之间。然而，最令人担心的并不一定是发达国家与发展中国家之间差距的扩大，因为现在已经为发展中国家拥有基础设施采取了行动。换言之，可以把希望寄托在以下实际可能性上，即"技术突破"能使发展中国家从一开始就拥有先进技术。技术的飞跃发展甚至可以打破许多地区的封闭状态，使人们能同整个世界交流，从而为发展开辟新的前景。在科学研究这一关键领域，技术进步尤其有助于人们使用国际数据库和创设"虚拟实验室"。有了这种实验室，发展中国家的研究人员便可在本国继续开展研究工作，从而减少人才外流。另外，由于设备价格普遍下跌，在引进新技术时遇到的基础设备费用方面的困难看来正趋于消失。

作为临时性的结论，可以认为，差异将主要存在于能够生产信息内容的社会与只限于接受信息而非真正参与交换的社会之间。

最大的差别可能主要存在于每个社会内部，存在于掌握这种新工具的人与没有机会掌握这类工具的人之间：确实有这样的危险，即由于个人掌握技术的情况不同，会出现有若干个发展速度的社会。因此，委员会认为，信息社会的出现是对民主和教育的挑战，而且这两个方面又彼此紧密相连。教育系统承担着重大责任：它应使每个人拥有控制信息大量增加的手段，即有办法本着批判精神，对信息进行筛选，将其分出主次；它还应帮助人们与传媒和信息社会（逐渐变成短暂性和瞬时性的社会）保持一定的距离。"事后的时间"，即走向成熟所需的时间，亦即形成文化内容和吸收知识的时间，是与"实时"的专横性相对立的。不言而喻，在学校里使用这些技术可以采取多种形式，本报告的

第 8 章将论及这个问题。不过，在任何情况下都应始终坚持机会均等的原则，这是为了保证那些最有需要的人（因为他们的处境最为不利）能够从这些认识世界的新工具中受益。因此，教育系统在提供必不可少的融入社会生活的方式的同时，也应为树立适合于信息社会的公民意识奠定基础。

因此，信息和传播技术有可能是每个人接触非正规教育的一个实际手段，并将成为教育社会中一个极为重要的传输工具。在教育社会内，将对不同的学习阶段进行彻底的重新思考。特别是这些技术的发展（掌握了这些技术就有可能不断地扩大知识），应促使人们从终身教育的角度重新考虑教育系统的地位和职能。传播和知识的交流不再仅仅是人的活动增多的一个主要中心，还是在新的社会生活方式范围内促进个人充分发展的一个因素。

因此，委员会建议，把信息和传播新技术的所有潜力都用来为教育和培训服务。被委员会征求过意见的大多数专家对这些技术为发展中国家开辟的前景都持乐观态度，并且认为，如果发展中国家不能抓住这些技术向其提供的旨在缩小其与发达国家之间差距的机会的话，那么这对它们将是十分有害的。委员会也注意到，由于技术的进步和大企业之间的竞争，信息社会的面貌正在我们的眼前迅速发生变化。因此，委员会建议设立一个有十分广泛的国际代表性的高级工作小组，它的任务是报告正在发生的变化，并就标准化问题提出若干建议（参见第 9 章）。委员会在提出上述建议时，认为教科文组织有可能采取这样的行动。虽然公共当局在娱乐和文化领域承担的责任看来很有限，但教育领域的情况则完全不同，因为在该领域，最要紧的是确保所有教育产品符合特定的质量标准。

提示和建议

- 应使教育政策尽可能多样化,并在设计这一政策时确保它不会成为产生社会排斥的一个补充因素。
- 个人融入社会生活不应与个人的发展相对立。因此应争取建立一种制度,努力把融入社会的美德与尊重个人的权利结合起来。
- 教育不能独自解决社会关系破裂(在存在这种破裂的地方)产生的问题。但是可希望教育为强化共同生活的愿望作出贡献,这种愿望是社会团结和民族特性的基本成分。
- 学校执行上述任务的成功条件,是它要努力促进少数人群体的发展和社会融入,具体办法是在尊重有关方面的个性的情况下,将其力量调动起来。
- 民主似乎正在按照适合于各国国情的形式和阶段向前发展,但是民主活力经常受到威胁。应在学校里就开始旨在培养自觉而积极的公民意识的教育。
- 可以说,民主参与属于公民美德范畴,但是它可以从适合于传媒和信息社会的某种教育和实践中得到鼓励或促进。问题在于提供标准和解释手段,以增强理解力和判断力。
- 教育应向儿童和成人提供有助于他们尽可能理解正在发生的变化的文化基础。这就要求对大量的信息进行筛选,以便更好地解释这些信息,并从历史的角度看待各种事件。
- 教育系统应从不断丰富知识以及行使适合于当代要求的公民权利和义务的角度,去回答信息社会的多种挑战。

第 3 章　从经济增长到人的发展

在近半个世纪里，世界经济有了空前的发展。委员会无意对这一时期进行全面总结，况且这样做也超越了它的职权范围。它只想从自己的角度指出，这些进步首先归功于人类根据自己的需要征服和安排环境的能力，也就是说归功于经济进步的首要动力——科学和教育。但是，委员会意识到由于目前的增长模式所诱发的不平等现象及其在人力和生态方面所投入的费用，这种模式有明显的局限性。因此，委员会认为不应再像过去那样，只是从教育对经济发展产生影响的角度，而应以一种更加开阔的眼光，即以促进人的发展的眼光来确定教育的定义。

世界经济的增长极不均衡

自 1950 年以来，由于第二次工业革命、生产力提高和技术进步等几方面因素共同产生的影响，世界财富大大增加。全世界的国内生产总值从 40 000 亿美元增至 230 000 亿美元，在此期间的人均收入增加了两倍以上。技术进步得到迅速传播。在此仅举一例：人们记得信息技术在相当于人的一生的时间里曾连续经历了不止四个发展阶段；到了 1993 年，世界计算机终端销售量已超过 1 200 万个。[①] 生活方式和消费方式也因此而发生了深刻变化，通过实现经济现代化来增进人类福

---

① 详见：*Human Development Report* 1995（published for UNDP），New York/Oxford，Oxford University Press，1995.

利的蓝图差不多在全世界已日益明确。

然而,这种以经济增长为唯一基础的发展始终是极不均衡的,发展的速度也因世界各国和地区不同而有很大差异。因此,估计世界人口有3/4以上生活在发展中国家,但他们只享有世界财富的16%。更为严重的是,根据联合国贸易和发展会议(CNUCED)的研究结果,人口总计达5.6亿的最不发达国家的平均收入正在减少,每年人均收入为300美元,而其他发展中国家为906美元,工业化国家为21 598美元。

各国之间和不同群体之间的竞争也从另一方面加大了这些差异:在各国之间以及在一些被视为富国的国家内部,生产率创造的剩余分布不均表明,经济增长正在扩大最具活力的国家与其他国家之间的鸿沟。就这样,一些国家似乎在竞争的赛跑中被远远抛在后面。造成这些差异的部分原因是市场运转不良和世界政治体制具有本质上就不平等的性质;这些差异还与目前的发展类型密切相关,因为这种发展类型使智力和改革处于显著地位。

为了经济目的而对教育提出的需求

事实上我们看到,在所涉及的这一时期内,由于技术进步和现代化的压力,在大多数国家中,为了经济目的而对教育提出的需求不断增多。在国际上所作的比较,显示出人力资源的重要性,也显示出为了提高生产力而进行教育投资的重要性[1]。因而,技术进步的速度与人的干预的质量之间的联系变得越来越明显,培养能够利用新技术和具有革新意识的经济人才的必要性也愈来愈突出。现在需要人们拥有新的技能,教育系统则应满足这一需要;为此,教育系统不仅要确保十分必要的学校教育年限或职业培训年限,而且要培养科学家、革新者和高水平的技术干部。

---

[1] Edward F. Denison, *Why Growth Rates Differ: Postwar Experience in Nine Western Countries*, Washington, D. C., Brookings Institution, 1967.

我们还可以从这一角度去理解为什么首先被作为经济增长加速器而设计的继续教育近些年有了发展。事实上，由于技术的迅速变化，各企业和各国都迫切需要增加劳动力素质方面的应变能力。技术变革不断地影响着劳动的性质和安排；紧紧跟上这种变革，甚至走在变革的前头，已成为一个十分重要的问题。在各个部门，包括在农业部门，均需要掌握更新了知识和技能的、可促进发展的人才。这种不可逆转的变化使按常规办事的做法和通过模仿或练习取得的资格变得不太可行了，而且由于"智力革命"产生的影响[1]，人们看到所说的非物质投资（如教育）日益重要。因而，对劳动大军施行继续教育也成为一种战略性投资。这种投资要求动员各类社会角色积极参与：除教育系统外，还特别需要私人培训人员、雇主和领薪者代表的参与。因此，人们注意到，在许多工业化国家，用于继续教育的经费大幅度增加。

一切情况都使人认为，由于现代社会中工作在继续发生变化，上述趋势还会加强。确实，在近些年间，工作的性质已发生深刻变化，特别是第三产业部门明显增加；今天，发展中国家有 1/4 的就业人口在该部门就业，工业化国家则有 2/3 以上。"信息社会"的出现和发展，以及可以说成为 20 世纪末之重要趋势的技术不断进步，均使工作的日益非物质化的方面明显了起来，并使智力和认识能力的作用变得突出了。从今以后，已不再可能要求教育系统为工业部门的稳定工作培养工人了，而是要求它们为改革而培养有发展前途的、能够适应迅速变革的世界和掌握变革的个人。

认识资源的不均等分布

在 21 世纪即将来临之际，教育活动和各类培训活动已成为发展的一种主要动力。另外，这些活动还有助于促进科学技术的进步，有助于

---

[1] Olivier Bertrand, *Education and Work* （study prepared for the Commission），Paris，UNESCO，1994.（UNESCO doc. EDC/IV/1.）

知识的普遍进步，而知识则是经济增长的最起决定性作用的因素。

然而，人们看到许多发展中国家在这方面条件极差，知识奇缺。诚然，在南方国家居民中，扫盲正在取得进展，入学人数也在增加，这可能有助于今后世界经济关系重新取得平衡（参见第6章）。但是在科学和研究-开发活动方面仍然存在着极为严重的不平等现象：1990年，用于研究-开发的总经费北美洲占了42.8%，欧洲占了23.2%，而撒哈拉以南非洲只占0.2%，阿拉伯国家则占0.7%。[①] 人才流入富国又加剧了这一现象。

人才流向富国

发展中国家每年损失专家、工程师、医生、科学家、技术人员数千人。他们为原籍国给的工资低和提供的机会少而感到失望，便移居富国，在那里他们可以更好地发挥自己的才干，得到较高的薪酬。

造成这个问题的部分原因是人才培养过剩。发展中国家的教育系统往往是根据与工业化国家相符的需要加以组织的，因而培养出过多的高水平毕业生。索马里培养出的大学毕业生约为它所能雇用的5倍。科特迪瓦毕业生的失业率高达50%。

工业化国家从这些移民发挥的才能中得到了好处。1960—1990年，美国和加拿大接收了100多万来自发展中国家的专业人才和技术人员。美国的教育在很大程度上依靠他们：1985年，工程院校里35岁以下的助教估计有一半是外国人。日本和澳大利亚也在努力吸引高度专业化的移民。

这种专业化劳动力的损失是严重的资本流失。美国国会研究部门认为，1971—1972年，发展中国家因为每一个专业化移民而损失20 000美元的投资，即损失总额达6.46亿美元。

---

① *World Education Report 1993*, Paris, UNESCO, 1993.

这一损失由于移民劳动者的汇款而得到部分补偿，但是仅此而已。

有些国家受过教育的人有可能供大于求。但是另外一些国家却在失去它们非常需要的专业人员。加纳20世纪80年代培养的医生目前有60%在国外行医，由此造成本国医务部门人员奇缺。1985—1990年，整个非洲损失的中、高级干部估计有6万人。

发展中国家应首先负责制止这种现象。它们应使教育系统更适应自己的实际需要，并应改进对自己经济的管理。但是为了达到这一目的，它们还应进一步打入国际市场。

资料来源：*Human Development Report* 1992（published for UNDP），p. 57，New York/Oxford, Oxford University Press,1992.

其实，发展中国家通常没有对研究进行有效投资所需的资金，而且在地方上没有足够大的科学队伍也是一个很大的缺陷。知识在基础研究阶段能产生很大的规模效益，但是它只有在投资数额超出某一临界值的情况下才能发挥这种作用。研究-开发活动也是这样，它需要大量的、有风险的投资，而且其前提是存在着已经充分拥有科学资源的环境。这种环境是大幅度增加科研投资的收益并获得短期和长期外部效益所必需的。这也许就是工业化国家向发展中国家转让技术失败的原因之一：显然，技术转让需要一个能调动和充分利用当地的认识资源，并有助于在内源发展中真正吸收这些技术的有利环境。本着这种精神，最贫穷的国家应努力具备研究能力和专门知识，特别是通过在地区一级设立高级研究中心来达到这一目的，这个问题是很重要的。人们会注意到，在一些被称为新崛起的国家中，特别是在亚洲的这类国家中，情况就不同了。在这些国家里，私人投资大量增加。这种投资通常伴有技术转让；如果再同时实行针对当地劳动力的真正培训政策，那么这种投资就可以为经济的迅速发展打下基础。实际情况通常也是这样的。

因此，看来应该得出一个初步结论：发展中国家不应忽视任何能促使它们必须进入科技领域的东西，以及其中蕴含的文化适应和思想观念现代化方面的东西。从这一角度看，对教育和研究进行投资是必不可少的。国际社会关心的首要问题之一，应是那些被排斥在迅速变革中的世界经济进步之外者有完全处于边缘地位的危险。如不作出极大的努力来避免这种危险，一些对参加国际技术竞争无能为力的国家，就会成为援助和人道主义行动都无法消除的贫困、失望或暴力占据的领地。甚至在发达国家内，一些社会群体有可能整个地被排斥在不久前仍由工业类型的劳动安排构成的社会化进程之外。在这两种情况下，主要问题仍然是知识和技能分布不均的问题。

有个事实是众所周知的，但它对教育的影响可能没有得到充分的重视，在此有必要再提一下，那就是北方国家与南方国家之间的对比远不如前些年那样鲜明。一方面，现在处于过渡阶段的前共产党国家面临着一些具体问题，这些问题不同程度地反映在它们彻底重建教育体系遇到的困难方面。另一方面，"新崛起"的国家已摆脱不发达状态，确切地说，这些国家正以适合自己特殊的文化、社会或经济情况的方式成为对教育发展投资最多的国家。在这方面不存在什么模式，但是在世界其他地区正在规划教育的改革时，亚洲这些新兴工业化国家的情况是值得重视的。

然而，如果不首先想想如何防止某些国家迅速穷上加穷的问题，我们就不可能把教育作为真正公平发展的动力加以构想。这方面最令人忧虑的例子就是撒哈拉以南非洲国家，其国内生产总值停滞不前，而人口却迅速增长。这些国家人口很年轻，由于平均生活水平下降，现在已不可能再从其国内生产总值中拿出与20世纪80年代初相同的份额用于教育。这样一种状况严重地影响着世界这一地区未来的发展，需要国际社会给予更多的关注，特别是需要调动当地的资源。

21世纪前夕的非洲

● 撒哈拉以南非洲实际人均收入从1980年的563美元下降到1992年的485美元。

- 1990年，2.15亿非洲人生活在贫困线以下。
- 受到贫困打击最甚者是城市和农村的妇女。
- 非洲每日食品定量低于1 600或1 700卡路里这一最低限度需要的人数从1980年的9 900万人增至1990—1991年的1.68亿人。
- 艾滋病这种严重的流行性疾病在非洲波及面之广，已是灾难性的。
- 每年死于痢疾的儿童达150万人。
- 仅1989年一年，疟疾就夺去了150万5岁以下儿童的生命。
- 非洲现有2 000多万人由于以下不同原因而成为难民和流离失所者：已无法维持生活、内战、种族或宗教冲突、政治镇压、侵犯人权、缺乏安全保障等。
- 在撒哈拉以南非洲地区，3个男人中仅有2个、3个女人中仅有1个能读会写。
- 20世纪90年代初各级学生增加数比70年代减少了一半，小学学生人数下降尤为明显。
- 社会-经济、文化和技术的迅速发展越来越取决于是否有高水平的人力资源，而整个非洲的高等教育无论是质量还是数量却都在迅速下降。
- 今天，非洲有千百万的儿童、妇女和男人需要保护，以免受疾病、践踏人权、种族间暴力和政治镇压之害。他们渴望获得知识和技能，渴望承担起自己作为公民和经济参与者应有的责任。他们希望参与有关他们日常生活和福利的决策，以及参与公共事务的管理。他们不愿意只依靠外国的援助和救济。应该从这一角度来提出非洲的人的发展优先事项和有助于实现这些优先事项的战略。

资料来源：*Audience Africa*: *An Introductory Note by the Director-General of UNESCO*, pp. 3－4, Paris, UNESCO, 1995.

妇女教育——促进发展的必要手段

在这份有关接触知识和技能方面存在的主要差异的概述中，委员会不能避而不谈在全世界，可能尤其是在发展中国家看到的一个令人忧虑的事实，那就是在教育面前男女不平等。诚然，近些年中已取得了若干进步，例如教科文组织的统计资料表明，几乎在所有有资料可查的国家，妇女扫盲率均有提高。但是，差异仍然很明显：全球 2/3 的成人文盲，即 5.65 亿成人文盲是妇女，她们中大多数人生活在非洲、亚洲和拉丁美洲发展中地区。[1] 在世界范围内，上学的女孩比男孩少：4 个女孩中就有一个不上学，而男孩的情况是 6 个中有一个不上学（女孩不上学者占小学年龄组的 24.5%，即 8 500 万人，而男孩占 16.4%，即 6 000 万人）。这种差异主要是由最不发达地区的落后状态造成的。例如在撒哈拉以南非洲地区，6—11 岁的女孩上学的不到一半，年龄段越高，入学比率的降低就越明显。

表1　1995年各地区按6—11岁、12—17岁和18—23岁年龄组估计的男女净入学率*

	6—11 岁		12—17 岁		18—23 岁	
	男	女	男	女	男	女
撒哈拉以南非洲	55.2	47.4	46.0	35.3	9.7	4.9
阿拉伯国家	83.9	71.6	59.2	47.1	24.5	16.3
拉丁美洲及加勒比	88.5	87.5	68.4	67.4	26.1	26.3
东亚/大洋洲	88.6	85.5	54.7	51.4	19.5	13.6
南亚	84.3	65.6	50.5	32.2	12.4	6.6
发达国家	92.3	91.7	87.1	88.5	40.8	42.7

* 每个年龄组中学生占各自年龄组总人口的百分比。
资料来源：*World Education Report* 1995，p.36，Paris，UNESCO，1995.

---

[1] *Wold Education Report 1995*，Paris，UNESCO，1995.

为遵守公正原则,就必须作出特别的努力,来消除男女之间在教育方面存在着的所有不平等现象。事实上,这些不平等现象长期以来造成妇女终生都处于低人一等的地位。另外,所有的专家今天都一致承认妇女教育对于发展的战略作用。特别是妇女受教育的水平与人民健康和营养的普遍改善以及出生率的下降明显相关。教科文组织1995年《世界教育报告》对这个问题的不同方面进行了分析,并指出在世界最贫困的地区,"妇女和女孩都受到一种循环的束缚,那就是有文盲母亲,就有文盲女儿;女儿早早结婚,就又像前辈那样被迫处于贫困和文盲状态,受高出生率和早亡之害"。因此,这是一个将贫困与男女不平等结合在一起的恶性循环,必须将它打碎。从少数女青年和妇女已完成的工作看,女青年和妇女教育看来是整个居民积极参与发展行动的基本条件。

男女差异

在自给经济中,妇女干的活儿最多,每天操劳的时间比家里的男人要长,为家庭收入作出的贡献也比男人大。男女之间地位的这种差异是贫困的首要原因之一,因为它以各种形式阻止数亿妇女去享受教育、培训、保健服务、托儿所服务和应有的法律地位,而这几个方面又恰恰都有助于她们摆脱贫困这一祸害。在发展中国家,妇女要制作食品、管理资源、负责收获和从事其他各种有薪酬或无薪酬的活动,这样每天平均要劳动12—18小时,而男人是8—12小时。据估计,在世界上1/4—1/3的家庭里,妇女是唯一养家糊口的人。在所剩其他家庭中,至少有1/4的家庭,妇女的收入占家庭总收入的50%以上。妇女当家的家庭往往生活在贫困线以下。

一些迹象使人感到妇女在自给经济中的处境越来越不稳定。为使收支平衡,她们不得不延长劳动时间,因此她们在时间上受到的约束愈来愈大;这种约束有双重影响:既使她们的社会地位下降,又使出生率居高不下。当妇女们不再可能给自己增加劳动负荷的时候，她们便在很大程度上依靠自己的子女特别是女儿，以使自己得到部分解脱。事实上，在许多地区，为了使女孩分担母亲的劳动负担而不让她们上学的趋势越来越明显，这几乎肯定会影响新一代女青年的前途，使她们与自己的兄弟相比处于不利的地位。

资料来源：J. L. Jacobson, *Gender Bias: Roadblock to Sustainable Development*, Washington, D. C. , Worldwatch Institute, 1992.

计算进步的代价

纯经济增长作为一项目标不足以保证人的发展。可以说，它在两方面受到了怀疑：不仅因为它具有不均等性，而且因为它的代价高昂，特别是在环境与就业方面。

根据现在的生产速度，被称为不可再生的资源，无论是能源还是可耕地，实际上都会日益缺乏。另外，在物理学、化学和生物科学基础上发展起来的工业不断造成污染，从而给大自然带来破坏或干扰。最后，更一般地说，地球上的生活条件正在受到威胁：可饮用水日益减少，森林遭到砍伐，"温室效应"，把海洋变成庞大的垃圾箱，这些都是我们这代人对未来普遍不负责任的令人不安的表现。1992年在里约热内卢举行的联合国环境与发展会议强调了这个问题的严重性。

另一方面，近些年来失业现象在很多国家的迅速扩大，在不少方面是一种与技术进步有关的结构现象。用不断提高劳动生产率的革新性技术系统地取代人的劳动，必然造成部分劳动力就业不足的问题。这一现象已首先触及执行性的劳动，现在又影响到某些设计或计算方面的工作。随着人工智能日益广泛的应用，在各级技术性职业中都有可能出现这种现象。这与其说是因培训不足而素质不高的劳动力被排斥在工作乃至社会之外的问题，不如说是未来社会中逐步改变劳动在社会中的地位甚至性质的问题。在目前情况下尚难于作出准确的判断，不过这个问题还是应该提出来的。

我们会看到，在与劳动累计值密不可分的工业社会里，上述问题已成为不平等现象的一个根源：一些人有工作，而另一些人找不到工作，成为接受救济或被社会抛弃的人。由于没有找到安排人的生活时间的新模式，工业社会都处在危机之中：工作正在成为一种稀有财产，各国都在采取种种保护主义措施和社会"倾销"行动对之加以争夺。失业问题也极为严重地威胁着发展中国家的稳定。因此危险无处不在：许多无业青年在大城市中自己谋生，随时暴露在社会排斥现象固有的各种危险之中。这样一种演变情况从社会角度来看代价很高，极而言之，它有可能损害国家的团结。因此可以慎重地说，我们在如何解决技术进步给个人和现代社会带来的新问题方面的想象力跟不上技术进步的速度。应当根据这一不可避免的发展变化情况，对整个社会重新进行思考。

经济增长与人的发展

一种单纯追求提高生产力的模式必然走向死胡同。在若干年中，可能正是这种死胡同促使联合国有关机构赋予发展概念更广的含义，即应使发展超越经济范畴，以便也考虑其伦理、文化和生态内涵。

例如，联合国开发计划署在其1990年第一份《人类发展报告》中，在强调世界范围内贫困现象的严重性和广度时，便提出应把增加人的福利视为发展的目的。发展的指标不应限于人均收入，也应包括有关健康（包括婴幼儿死亡率）、饮食和营养、拥有可饮用水、教育和环境等数据。还应考虑不同社会群体之间和男女之间的公正和平等情况，以及民主参与的程度。另外，"持久性"概念是对人的发展概念的进一步补充，因为强调的重点是发展过程的长期持续性、改善后代人的生活条件和尊重任何生命都赖以存在的自然界。无论是在发展中国家还是在发达国家，增加军费的趋势均遭到强烈的非议，因为增加军费就会减少更能为人造福的其他拨款。

人的发展现状

人的发展是一个扩大向个人提供的可能性的过程。原则上讲，这些可能性也许是无限的，而且随着时间的推移可能发生变化。然而，无论发展水平如何，对于人来说，有三个可能性是主要的，那就是健康长寿，获取知识，以及拥有体面地生活所需的资源。如果没有这三个基本可能性，其他很多机会就仍然无法得到。

[......]

然而，人的发展并非到此为止。人们高度重视的其他可能性不仅包括政治、经济和社会自由，而且包括表现自己的创造性或生产力的机会，更不用说享有个人尊严和尊重人权这两个问题了。

因此，人的发展概念比传统的经济发展理论要广得多。各种经济增长模式所涉及的主要是增加国民生产总值，而不是改善生活条件。至于人力资源开发，它把人看作是参与生产过程的简单因素，即把人视为手段而不是目的。而社会福利政策则把人看作是发展过程的受益者，而不是这一过程的参与者。最后，旨在满足基本需要的方法的重点是向处境不利群体提供物品和经济方面的服务，而不是挖掘人的潜力。

相反，人的发展意味着把货物和劳务的生产和分配以及人的潜力的扩大和利用放在一起加以研究和处理。人的发展概念包括上述令人关心的各种问题，但又不限于这些问题。它从人的角度出发分析了与社会有关的所有问题：经济增长、贸易、就业、政治上的自由和文化价值等。因此，它特别重视扩大选择的可能性问题，而且它既适用于发展中国家也适用于工业化国家。

资料来源：*Human Development Report 1995*（published for UNDP）. pp. 11－12, New York／Oxford, Oxford University Press, 1995.

委员会正是依据这一扩大了的发展概念,对 21 世纪的教育进行了思考。今后,应在一个新问题的范围内对教育加以考虑,在此范围内,教育不只是许多发展手段中的一种,而且是发展的组成成分之一和主要目的之一。

旨在促进人的发展的教育

因此,教育的首要作用之一是使人类有能力掌握自身的发展。实际上,教育在把发展建立在个人和各社区认真负责参与的基础上的同时,应使每个人都能掌握自己的命运,以便为自己生活于其中的社会的进步作出贡献。

根据这里所采纳的观点,教育的各个组成部分均有助于人的发展。这种负责任的发展能够调动人的各种能量,不过要有一个先决条件,那就是尽早为每个人提供"生活通行证",使其能够更好地了解自己,理解他人,从而参与集体事业和社会生活。因此,全民基础教育绝对是至关重要的(参见第 6 章)。由于发展的目的是使人作为人而不是作为生产手段得到充分的发展,这种基础教育显然应该包括可能接受其他各级教育所需的全部知识。在这方面,应强调科学教学所具有的教育作用,还应从这一角度出发来确定这样一种教育,即它能通过一些有时是极为简单的手段,如传统的"直观教学",从幼年开始启发儿童的好奇心,发展他们的观察力,引导他们采用试验性的方法。不过,基础教育还应该,而且尤其应该从终身教育的角度,为每个人提供自由塑造自己的生活和参与社会发展的手段。在此,委员会的立场与 1990 年在宗滴恩(泰国)举行的世界全民教育会议的工作结果和决议完全一致。它希望尽可能扩大基础教育①概念的含义,方法是把从人的发展的角度看必不可少的一整套知识和技能包括进去。环境教育、卫生教

---

① 在宗滴恩通过的《世界全民教育宣言》确定了基本学习需要的范围,并采用了"基础教育"一词,用以说明本报告想要说的那种概念(参见第 6 章)。

育和营养教育尤其应在其中占有一席之地。

从这种基于社会所有成员以负责的态度参与的发展的角度来看，似乎应该采取这样一种总的行动原则，即不仅要鼓励首创精神、集体劳动和协同作用，而且还要鼓励个体经营和企业精神；每个国家都应充分利用资源，把当地的知识、人和机构调动起来，以创造新的活动，消除因技术进步而产生的失业的有害影响。这是发展中国家开始内源发展进程并使之得以继续的最好途径。因此，应把教育战略各个组成部分看作是协调的、相互补充的因素来加以设计，因为它们的共同基础是寻求一种也适应当地情况的教育。

达喀尔建议

● 通过以下途径使提供的教育多样化：（Ⅰ）使其内容多样化，以便摆脱单一模式，因为这种模式是引起竞争的根源，也往往是失望的根源（发展艺术教育和手工艺教育可能是使学校具有吸引力的一种有效途径）；（Ⅱ）在体制和结构方面，使教育的种类和途径多样化，同时保护整体的协调（传播媒介的使用；非正规教育的参与；教育合作伙伴关系；安排接受教育的路径，使其在每个人的一生中程度不等地展开）；（Ⅲ）使学习尤其是实际技能学习的方法和地点多样化（学制可长可短；在职学习；工读交替制课程）。

● 培养地区一级的研究和评价能力：利用有助于通过观察自然环境或非自然环境获得知识的"直观教学"法，来系统地教授科学知识；利用每个人固有的知识，包括祖先们的知识（轮作方法、土地侵蚀问题、自然灾害等）；动员国际科学知识，将其用于一些既需要历史、社会学、人种学、经济地理等社会科学的参与，又能处理当地特殊性问题的多学科项目（许多农业项目之所以失败，不是因为参加的农学家专业知识不足，而是因为他们不了解当地的社会和文化情况）。

● 鼓励创造性和企业内源能力的充分发展。对发展中国家非正规经济和发达国家技术革新的观察表明,并非一定是那些在正规学校获得成功的人最有创造性。另外,创造本身就需要解决的问题而言,也是一种教育过程。因此,在不扼杀主动性和独创性的同时,应努力做到不浪费或不阻碍个性的发展潜力,例如不在不合法的活动中浪费这种潜力。

资料来源:International Commission on Education for the Twenty-first Century, Dakar, Senegal, 18–21 September 1993, *Report*, Paris, UNESCO, 1994.(UNESCO doc. EDC/3.)

不过,委员会特别想强调指出,上述人的发展的观点超出了任何极为实用的教育观念。教育不仅仅是为了给经济界提供人才:它不是把人作为经济工具,而是作为发展的目的加以对待的。使每个人的潜在的才干和能力得到充分发展,这既符合教育的从根本上来说是人道主义的使命,又符合应成为任何教育政策指导原则的公正的需要,也符合既尊重人文环境和自然环境又尊重传统和文化多样性的内源发展的真正需要。特别是,尽管终身培训确实仍是20世纪末的一个重要思想,但是重要的是应使其超越纯粹适应就业的范围,而将其列入作为人的持续协调发展条件而加以设计的终身教育这一含义更广的概念之中。

在这方面,委员会的思考与教科文组织总干事费德里科·马约尔在"关于发展问题"的国际讨论会(教科文组织,巴黎,1994年6月18—19日)上的发言精神是一致的。他强调指出,发展过程"首先应为发挥今天还有明天生活在地球上的人的一切潜力创造条件,人既是发展的第一主角,又是发展的终极目标"。

提示和建议

- 继续围绕更加尊重自然和尊重人的时间安排的新的发展模式思想进行思考。
- 根据技术进步和变革对个人和集体生活方式产生的影响,对工作在未来社会中的地位进行预测性研究。

- 本着联合国开发计划署的工作精神,在考虑到人的发展的各个方面的同时,对这一发展进行更加全面的评估。
- 在教育政策与发展政策之间建立新的关系,以加强有关国家的知识和技能基础:鼓励首创精神、集体劳动、考虑到当地资源情况的实际协同作用、个体经营和企业精神。
- 必须改进和普及基础教育(《宗滴恩宣言》的重要性)。

第二部分　原则

第4章 教育的四个支柱

21世纪将为信息的流通和储存以及为传播提供前所未有的手段，因此，它将对教育提出乍看起来近乎矛盾的双重要求。一方面，教育应大量和有效地传授越来越多、不断发展并与认识发展水平相适应的知识和技能，因为这是造就未来人才的基础。另一方面，教育还应找到并标出判断事物的标准，使人们不会让自己被充斥公共和私人场所、多少称得上是瞬息万变的大量信息搞得晕头转向，使人们不脱离个人和集体发展的方向。可以这么说，教育既应提供一个复杂的、不断变动的世界的地图，又应提供有助于在这个世界上航行的指南针。

根据对未来的这种展望，仅从数量上满足对教育的那种无止境的需求（不断地加重课程负担）既不可能也不合适。每个人在人生之初积累知识，尔后就可无限期地加以利用，这实际上已经不够了。他必须有能力在自己的一生中抓住和利用各种机会，去更新、深化和进一步充实最初获得的知识，使自己适应不断变革的世界。

为了与其整个使命相适应，教育应围绕四种基本学习加以安排；可以说，这四种学习将是每个人一生中的知识支柱：**学会认知**，即获取理解的手段；**学会做事**，以便能够对自己所处的环境产生影响；**学会共同生活**，以便与他人一道参加人的所有活动并在这些活动中进行合作；最后是**学会生存**，这是前三种学习成果的主要表现形式。当然，这四种获取知识的途径是一个整体，因为它们之间有许多连接、交叉和交流点。

但是，在一般情况下，正规教育仅仅是或主要是针对**学会认知**，较少针对**学会做事**。而另外两种学习往往带有很大的随意性，有时也被看作是前两种学习的一种自然而然的延伸。然而，委员会认为，在任何一种有组织的教育中，这四种"知识支柱"中的每一种应得到同等重视，使教育成为受教育者个人和社会成员在认识和实践方面的一种全面的、终生持续不断的经历。

委员会的委员们从一开始工作就明显地感到，为了迎接21世纪的挑战，必须给教育确定新的目标，必须改变人们对教育的作用的看法。扩大了的教育新概念应该使每一个人都能发现、发挥和加强自己的创造潜力，也应有助于挖掘出隐藏在我们每个人身上的财富。这意味着要充分地重视教育的作用，就是说使人们**学会生存**，实现个人全面发展的作用，不再把教育单纯看作是一种手段，是达到某些目的（技能、获得各种能力、经济目的）的必经之路。

学会认知

这种学习更多的是为了掌握认识的手段，而不是获得经过分类的系统化知识。它既可被视为一种人生手段，也可被视为一种人生目的。作为手段，它应使每个人学会了解他周围的世界，至少是使他能够有尊严地生活，能够发展自己的专业能力和进行交往。作为目的，其基础是乐于理解、认识和发现。即便那种没有直接目的而去学习的情况愈来愈少，由于学习有用的知识在现实生活中变得很重要，学制越来越长，空闲时间越来越多，越来越多的成人将能够去感受知识和个人自学带来的乐趣。扩大知识面可以使每个人更好地从各个角度来了解他所处的环境，有助于唤起对知识的好奇心，激发批判精神，并有助于在独立思考的基础上去辨别是非。从这种观点出发，让我们再次强调，每个儿童，无论他在哪里，都应使他能够以恰当的方式学习科学而且终生成为"科学之友"[①]。在中等和高等教育中，入门培训应向所有大中学生介绍科学进步和当代思想模式所提供的各种手段、概念和参照方法。

---

① 委员会第三次会议报告，巴黎，1994年1月12—15日。

然而，由于知识涉及方方面面，并且始终都在不断地发展变化，想要什么都知道变得愈来愈难以企及，而且在基础教育之后仍保持对所有学科的教学也不切合实际。不过，专业化学习，哪怕是未来的研究人员的专业化学习也不应排斥对普通文化知识的学习。"今天，一个真正受到全面培养的人需要有广泛的普通文化知识并有机会深入地学习研究少量的学科。在整个教育过程中，应该促进这两个方面同时发展。"①因为普通文化教育使受教育者能接触到其他语言和知识，它首先就有助于交往。专家封闭在自己的学科中，可能对他人所为不感兴趣。不管在什么情况下，他都会感到难以与人合作。与此同时，文化教育作为超越时间和空间将各个社会联系起来的纽带，势必会使受教育者了解到其他领域的知识，从而有助于充分发挥各学科之间的协同作用。特别是在研究方面，某些知识的重大进展就是在各学科的交叉领域中产生的。

为了解知识而学习，首先要求学会运用注意力、记忆力和思维能力来学习。特别是在电视图像占主导地位的社会里，青年从小就应开始学习将注意力集中在人和事上。传播媒体的新闻报道从一项内容到另一项内容变换很快，观看电视节目时以转换频道的方式跳过广告节目的情况如此常见，其实这些都不利于发现过程，因为这一过程需要时间，需要加深理解。学习集中注意力可以采取各种不同的形式，也可利用生活中的种种机会（游戏，到企业中去实习，旅游，科学实验课……）。

其次，记忆力的训练是避免完全受传播媒体传播的即时信息影响的一种必要的方法。如果以为我们如今已拥有巨大的信息贮存和传播能力，记忆力就不再有用了，那将是很危险的。当然，对于应"记牢"的东西我们肯定要有所选择，人的联想记忆能力并不是自动发挥作用的，应认真地加以培养。所有专家都认为，应该从幼年开始就训练记忆力，而且在学校中取消一些被认为是使人厌倦的传统训练是不当的。

---

① 参见：Laurent Schwartz, 'L'enseignement scientifique', in: Institut de France, *Réflexions sur l'enseignement*, Paris, Flammarion, 1993.

最后是思维能力的训练，它是儿童首先在父母然后在其老师的引导下开始进行的训练，包括从具体到抽象然后再由抽象到具体的反反复复的思维过程。因此，在教学和研究中，应该把演绎法和归纳法这两种往往被视为对立的方法结合起来。根据所教学科的不同，其中一种方法可能会比另一种更有针对性，但是在大多数情况下，思想的连贯需要两者相结合。

学习知识的过程永无止境，并可通过各种经历得到进一步的充实。从这个意义上说，随着工作性质和内容一成不变的情况日益减少，学习过程与工作经历的结合越来越紧密。如果最初的教育提供了有助于终身继续在工作之中和工作之外学习的动力与基础，那么就可以认为这种教育是成功的。

学 会 做 事

学会认知和学会做事在很大程度上是不可分的。不过，后者与职业培训问题的联系更为紧密：如何教会学生实践他所学的知识？还有，在不能完全预计到未来工作变化的情况下，如何使教育与未来的工作相适应？委员会尤其力求对第二个问题作出回答。

在这方面应该区别以雇佣劳动为主的工业化经济与在很大程度上仍以个体劳动或非正规职业为主的其他经济的情况。因为，在整个20世纪期间按照工业模式发展起来的雇佣劳动制社会里，机器取代人工劳动的结果是使人工劳动的强度日益减轻，加强了工作的知识性（甚至在工业部门也是如此），加强了服务行业在经济活动中的重要性。另外，这些经济的未来还取决于它们能否把知识的进步转化为能开创新企业和新的就业机会的革新。因此，已经不能再像过去那样简单地理解学会做事的含义就是为了培养某人去从事某一特定的具体工作，使他参加生产某种东西。学习应有相应的发展变化，不能再被看作是单纯的传授多少有些重复不变的实践方法，即使这些方法仍具有一定的不应忽略的教育作用。

第4章 教育的四个支柱

从资格概念到能力概念

在工业部门,特别是对机器操作员和技术员来说,由于知识和信息对生产系统起着支配作用,专业资格的概念变得有些过时,个人能力的概念则被置于首要地位。技术的进步实际上正在不可避免地改变新的生产过程所需要的资格。随着机器变得更加"聪明",体力劳动的强度日益减轻,单纯的体力劳动正在被更带有知识性和脑力性的生产劳动(如机器的操作、维修、监视)和设计、研究、组织方面的工作所取代。

各级对资格提出更高的要求是有多种原因的。一方面,就具体执行任务的人员而言,往往是按照日本企业的做法,即与泰勒制正好相反的做法,采取"劳动集体"或"项目小组"的组织方式,而放弃把规定任务和个人操作结合在一起的做法。另一方面,工作任务的个人化正在取代领薪者之间可以互换的特点。雇主们越来越注重能力方面的要求,而不是资格方面的要求;在他们看来,资格与实际技能的概念仍然过于密不可分,而能力则是每个人特有的一种混合物,它把通过技术和职业培训获得的严格意义上的资格、社会行为、协作能力、首创能力和冒险精神结合在一起。

如果除了这些新的要求之外,还要求被视为变革参与者的劳动者作出个人承诺,那么很清楚,常常被企业领导人称为"生存技能"的那些先天的或后天的、有很强个人色彩的素质,便同知识和实际本领结合在一起,构成所需要的能力。正如委员会强调的那样,这种能力清楚地反映出学习的各个方面之间的联系,这种联系应由教育加以维持。在上述素质中,交往能力、与他人共事的能力、管理和解决冲突的能力越来越重要。服务性活动的发展进一步加强了这一趋势。

劳动的"非物质化"和实行工资制部门的服务性活动

如果观察一下服务行业在数量和质量方面发生的变化,就可以看出先进经济的"非物质化"对学习产生的影响特别明显。服务行业是个极其多样化的行业,尤其是可以用它不包括的活动来界定它的范围,即它是一个既不包括工业活动也不包括农业活动的行业；尽管它的活动是多种多样的，但共同的一点是不生产物质产品。

许多服务主要是根据其引起的人际关系加以确定的。我们在因经营管理日益复杂（各种专门知识、技术监视或技术咨询服务、金融、会计或管理服务）而不断扩大的商业部门和比较传统的非商业部门（社会福利事业、教育、卫生事业等），都可以发现这样一些例子。在这两种情况下，信息和交流活动都是极其重要的；在这一方面，重点是以个性化的方式为某个确切的项目捕捉和处理特定的信息。在这类服务中，提供者与使用者之间关系的好坏在很大程度上也取决于使用者。因而，我们可以懂得，这种工作不能再像耕地或生产钢板那样来加以准备了。与材料和技术的关系应当由处理人际关系的能力来补充。因此，服务行业的发展迫使人们必须培养提高人的那些不一定是由传统教育反复灌输的那些素质，这些素质与在人与人之间建立稳定而有效的关系的能力是相一致的。

最后，我们可以想象到，在未来的高度技术化的组织里，关系上的困难可能造成严重的机能障碍，这就需要一种主要是基于行为表现而非基于知识的新型资格。这对那些没有文凭或文凭不多的人来说可能是一个机会。直觉、觉察力、判断力和使一个集体紧密团结的能力，这些的确不一定是持有最高文凭的人独具的能力。如何传授这些多少有些先天性的能力以及在哪里传授这种能力呢？我们不能简单地推断旨在培养所需能力或才干的计划内容。在发展中国家的职业培训方面也存在着这样的问题。

非正规经济中的劳动

在领薪职业不占主导地位的发展中经济里，劳动性质是很不同的。实际上，在撒哈拉以南非洲的许多国家以及拉丁美洲和亚洲的一些国家中，只有一小部分人有带有工资的职业，绝大多数人还是参加传统的自治经济活动。确切地说，不存在职业参考标准，技能往往是传统的。另外，学习的作用不限于从事什么工作，但应符合正式或非正式参与发展这一更广的目标。这往往既涉及社会资格也涉及专业资格。

在其他一些发展中国家，除了农业和一个小规模的正规部门之外，还有一个有时颇具活力，以手工业、商业和金融为基础的，既现代又不正规的经济部门，它表明存在着一种很适应当地情况的企业潜力。

在上述两种情况中，委员会与发展中国家进行的许多磋商表明，这些国家已经觉察到它们的未来与获得能使它们接触到现代技术的科学知识的情况有着紧密的关系，但是并不因此而忽视与当地情况紧密相连的特殊的革新能力和创造能力。

这又使我们回到发达国家和发展中国家共同面临的一个问题上：如何学会有效地应付变化不定的情况，并参与对未来的创造？

学会共同生活，学会与他人一起生活

这种学习可能是今日教育中的重大问题之一。当今世界往往是一个充满暴力的世界，它与一些人对人类进步寄予的期望背道而驰。人类历史始终是一部冲突史。但是，一些新的因素，特别是人类在20世纪期间创造的奇特的自毁能力，正在增加冲突的危险。通过传播媒介，广大公众成为那些制造冲突或维持冲突的人的软弱无能的观察者，甚至成为他们的人质。迄今，教育未能为改变这种状况做多少事。能否设计出一种能使人们通过扩大对其他人及其文化和精神价值的认识，来避免冲突或以和平方式解决冲突的教育呢？

在学校传授非暴力的想法是值得赞赏的，即使它只是同导致冲突的偏见作斗争的手段之一。这项任务是艰巨的，因为很自然，人越来越过高地估计自己及其所属群体的长处，而对其他人怀有偏见。另外，普遍的竞争气氛已成为各国内部尤其是国际上经济活动的特点，它愈来愈突出竞争精神和个人的成功。事实上，这种竞争现在终于导致无情的经济战争，导致贫富之间的紧张关系，从而造成各国和整个世界的分裂；这种竞争也激化了历史上存在的敌对情绪。教育有时因为对竞赛概念的解释不正确而有助于这种气氛继续存在下去，这是令人遗憾的。

怎么能做得好一些呢？经验证明，为了减少这种危险，光是安排属于不同群体的人之间（如在多个民族或多种宗教共有的学校内）进行接触和交往是不够的。如果这些不同的群体正处于竞争之中，或者他们在共有的环境中所处的地位不平等，那么这种接触反而有可能激化潜在的紧张关系，进而转化成冲突。反之，如果这种接触是在一种平等的氛围中进行的，而且又有共同的目标和计划，那么偏见和潜在的敌对情绪可能会消除，取而代之的将是一种比较平静的合作，甚至是友谊。

因此，教育似乎应该采取两种相互补充的方法。首先是逐步去发现他人；然后是在一生当中从事一些共同的计划，这似乎是避免或解决潜在冲突的一种有效方法。

发现他人

教育的使命是教学生懂得人类的多样性，同时还要教他们认识地球上的所有人之间具有相似性并且是相互依存的。因此，从幼儿开始，学校就应抓住各种机会来进行这一双重教育。某些学科特别适合进行这种教育：从基础教育开始教授人文地理，晚些时候教授外语和外国文学。

认识他人必须首先认识自己；要使青少年正确地认识世界，无论是在家庭、社会还是在学校进行的教育，都应首先使他们认识自己。只有在这个时候，他们才能真正设身处地去理解他人的反应。在学校培养这种情感同化的态度，会对一个人一生的社会行为产生积极影响。比如，教会青年人采纳其他民族或宗教群体的观点，可以避免能导致成年人相互仇恨和发生暴力的互不理解的情况。因此，宗教史教育或习俗教育可以作为未来行为的有益参照标准。[1]

最后，教学形式本身不应与这种对他人的承认相违背。一些教师由于教条武断而扼杀学生好奇心或批评精神，而不是反复培养他们的

---

[1] David A. Hamburg, *Education for Conflict Resolution* (reprinted from the Annual Report 1994 of the Carnegie Corporation of New York).

好奇心或批评精神，他们这样做可能害多益少。如果他们忘记应该为人师表，他们就很可能由于自己的态度而永远削弱学生向相异性开放的能力以及应付人与人之间、群体之间、民族之间不可避免地出现的紧张关系的能力。通过对话和各自阐述自己的理由进行争论，这是21世纪教育所需要的一种手段。

为实现共同目标而努力

当人们为一些能使自己摆脱日常习惯、值得一做的项目共同努力时，人与人之间的分歧甚至是冲突就会逐步减弱，有时就消失了。从这些有助于人们超越个人陈规和突出共同点而不是不同点的项目中，能产生出一种新的鉴别方式。例如通过体育运动，不同社会阶级或民族之间的紧张关系，最终在比赛和共同努力的幸福之中转化成团结互助关系的事例是何等多啊！同样地，在工作中，假如某个共同的项目没有超越上下级组织中通常存在的冲突，那么有许多事情就无法成功了。

因此，正规教育应在其计划中留出足够的时间和机会，向青年人传授这类合作项目；要从幼儿开始，就在体育或文化活动中，以及通过参加居住区的翻新、帮助处境最不利的人、参加人道主义行动及两代人之间相互帮助活动等社会活动，对学生进行这种教育。其他教育组织和协会应接替学校继续开展这项工作。另外，在学校日常生活中，教师和学生参加一些共同项目，可以为传授某一解决冲突的方法，并为学生今后的生活提供参考标准提供机会，同时还能加强师生关系。

学 会 生 存

委员会从它举行第一次会议开始就坚决地重申了一个基本原则：教育应当促进每个人的全面发展，即身心、智力、敏感性、审美意识、个人责任感、精神价值等方面的发展。应该使每个人，尤其借助于青年时代所受的教育，能够形成一种独立自主的、富有批判精神的思想意识，以及培养自己的判断能力，以便由他自己确定在人生的各种不同的情况下他认为应该做的事情。

《学会生存》报告（1972年）在序言中对世界因技术发展而非人化表示担心。① 从那时起，社会发生的一切变革，特别是传播媒介能力的巨大发展，加剧了上述担心，并使源于这种担心的必不可少的做法更加合法。21世纪有可能使这些现象在更广的范围出现。到那时候，问题就不再是培养儿童为某一特定的社会作好准备，即不再是不断地向他们每个人提供有助于其理解周围世界，并成为有责任感的和公正的参与者的力量与知识方面的标准。教育的基本作用，似乎比任何时候都更在于保证人人享有他们为充分发挥自己的才能和尽可能牢牢掌握自己的命运，而需要的思想、判断、感情和想象方面的自由。

这不只是一种个人主义的迫切需要。因为最近的经验表明，那种从表面上看只是个人面对束缚人的或被认为是敌对的制度的一种自我保护方式的东西，有时也为社会提供最好的机会。个性的多样性，自主性和首创精神，甚至是爱好挑战，这一切都是进行创造和革新的保证。在减少暴力或同影响社会的各种祸害作斗争方面，从实地经验中产生的新方法已显得很有效。

在一个以社会和经济改革为主要动力的迅速变革的世界里，可能更重视想象力和创造性；它们是人的自由的最明显的表现，有可能受到某种个人行为准则规范化的威胁。21世纪需要各种各样的才能和人格，而不只是需要杰出的个人，当然这种人无论在何种文明中也都是很重要的。因此，应该向青少年提供一切可能的美学、艺术、体育、科学、文化和社会方面的发现和实验机会，这将补充人们对以前各代人或现代人在这些领域里的创造所作的吸引人的介绍。许多国家重视功利

---

① "这个人处于很有强迫性的宣传气氛的环境中，而后在行为上要服从外界强加于他的准则，这损害了他的真正需要以及他在智力上和情感上的同一性。这样的环境便有可能对他造成一种精神错乱的危险。"

"有些领域，一个人一向觉得他是可以在里面自由活动的，至少是可以按照他自己的方式追求他的目标的。但是现在人们已经设计出各种机器（从事理智活动），这样便把他从他原先自由活动的领域中驱逐出来了。" (Edgar Faure et al., *Learning to Be: The World of Education Today and Tomorrow*, p. xxiv, Paris, UNESCO, 1972.)

而不重视文化的教育，艺术和诗歌应该在学校里重新占有重要的地位。对提高想象力和创造性的关注，还应导致进一步重视从儿童或成人的经历中得来的口头文化和知识。

因此，委员会完全赞成《学会生存》报告提出的原则："发展的目的在于使人日臻完善；使他的人格丰富多彩，表达方式复杂多样；使他作为一个人，作为一个家庭和社会的成员，作为一个公民和生产者、技术发明者和有创造性的理想家，来承担各种不同的责任。"[①]人的这种发展从生到死是一个辩证的过程，从认识自己开始，然后打开与他人的关系。从这种意义上说，教育首先是一个内心的旅程，它的各个阶段与人格不断成熟的各个阶段是一致的。因此，教育作为实现成功的职业生活的一种手段，是一个非常个人化的过程，同时又是一个建设相互影响的社会关系的过程。

*　　*　　*

不用说，我们在本章中所述的教育的四个支柱不能只涉及生命的某个阶段或单独某一处。正如我们将在下一章看到的那样，对教育的各个阶段和领域应作重新思考，使其相互补充，相互渗透，从而使每个人在一生中能够充分利用范围不断扩大的教育环境。

提示和建议

- 终身教育建立在四个支柱的基础上：学会认知、学会做事、学会共同生活、学会生存。
- **学会认知**，途径是将掌握足够广泛的普通知识与深入研究少数学科结合起来。这也意味着学会学习，以便从终身教育提供的种种机会中受益。
- **学会做事**，以便不仅获得专业资格，而且从更广泛的意义上说，获得能够应付许多情况和集体工作的能力。这还意味着要在青

---

① Edgar Faure et al., *Learning to Be: The World of Education Today and Tomorrow*, p. xxiv, Paris, UNESCO, 1972.

少年的各种社会经历或工作经历范围内学会做事；这类经历可能因地方或国家的具体情况而属于自发性的，也可能由于学习和工作交替进行的教育的发展而属于正式的。

- **学会共同生活**，其途径是本着尊重多元性、相互了解及和平等价值观的精神，在开展共同项目和学习管理冲突的过程中，增进对他人的了解和对相互依存问题的认识。
- **学会生存**，以便更充分地发展自己的人格，并能以不断增强的自主性、判断力和个人责任感来行动。为此，教育不应忽视人的任何一种潜力：记忆力、推理能力、美感、体力和交往能力等。
- 正规教育系统不顾其他学习形式，越来越强调获取知识，而现在十分重要的是应把教育作为一个整体来加以设计。这种看法应该在制订教学计划和确定新的教育政策方面给未来的教育改革以启示和指导。

第 5 章 终身教育

教育在个人生活中的地位越来越重要,因为它在促进现代社会发展方面的作用越来越大。这种现象的出现有许多原因。我们通常把一生划分为几个不同时期（接受学校教育的儿童和青年时期,成年职业活动时期和退休时期）的做法,不再符合现代生活的实际情况,更不符合未来的要求。今天,谁都不能再希望在自己的青年时代就形成足够其一生享用的原始知识宝库,因为社会的迅速发展要求不断地更新知识,同时,青年的启蒙教育也有延长的趋势。此外,职业活动时期缩短、带薪工时总数减少和退休后的寿命延长,均增加了从事其他活动的时间。

同时,教育本身也在不断变化：社会提供的校外学习机会在各个领域都在不断增加,而传统的资格概念在许多现代活动部门正在让位于不断发展的技能和适应性的概念（参见第 4 章）。

因此,启蒙教育和继续教育之间的传统区分需要重新考虑。真正符合现代社会需要的继续教育已不再能参照生活的一个具体阶段（比如同青年教育相对的成人教育）或一种过于局限的目的（与一般培训不同的职业培训）而下定义了。今后,整个一生都是学习的时间,而每一类知识都能影响和丰富其他知识。在 21 世纪来临前夕,赋予教育的种种使命以及教育可能具有的多种形式,均使教育包括从童年到生命终止的、起下述作用的所有活动：这些活动可将前一章述及的四种基本学习灵活地结合起来,使每个人能生动地了解世界、了解他人和了解自己。在本报告中,委员会决定,把与生命有共同外延并已扩展到社会各个方面的这种连续性教育称为"终身教育"。委员会认为终身教育是进入 21 世纪的关键所在，也是必须适应职业界的需要以及进一步控制不断变化的个人生活的节奏和阶段的条件。

民主要求

终身教育不是一种遥远的理想，而是在以一系列强化这种教育需要的变革为标志的复杂教育环境中日趋形成的一种现实。为了对这种教育进行安排，必须不再把各种教学和学习形式看作是互不相关的和近乎重叠的，甚至是相互竞争的；相反，必须努力发挥现代教育环境和阶段的互补性。

首先，正如我们所指出的，科技进步和由于寻求更大的竞争性而造成的生产过程的改变，导致个人在启蒙教育期间所获得的知识和技能很快过时，并要求发展职业继续培训。这种继续培训在很大程度上符合经济的需要，并可使企业具有保持就业水平和提高竞争力所必需的更大的能力。这种培训还为个人提供了更新知识的机会和晋升的可能性。

但是委员会所指的终身教育的范围更广。它应有助于每个人在迅速变革和世界化现象一起改变了男男女女同空间和时间所保持的关系的世界上掌握自己的命运。影响就业性质的大动荡目前还局限于世界部分地区，但无疑会蔓延开来，并将导致对生命的各个阶段重新进行安排。那时，终身教育将成为我们当中的每个人进一步实现工作与学习平衡及行使积极的公民权利与义务的手段。

成功的基础教育能够激起继续学习的欲望。这种欲望促使人们在正规教育系统中继续学习；但是希望继续学习的人还应能走得更远一些。其实，在许多国家就成人随后参与教育和文化活动的情况所作的调查表明，这个问题与个人受教育的程度有关。在这方面十分明显有一种累积现象：受教育越多，就越想受教育，在发达国家和发展中国家均发现有这种倾向。因此，青年人入学率的提高、扫盲率的提高以及对基础教育的进一步推动，均预示着未来的社会对成人教育的需求将要增加。

这一问题与机会均等问题密切相关。随着学习欲望（每个人得到更充分发展的保障)的普遍增强,很可能会看到机会不均等现象也在不断加剧,因为启蒙教育不足或缺乏这种教育,均可严重影响终身教育的继续进行。这种可能性已为发达国家和发展中国家之间的差距所证明,也为每个社会内部的教育机会不均等现象所证明。发展中国家的文盲状态、发达国家的功能性文盲现象、继续教育的限制,都是建立真正的教育社会的重大障碍。如能认识到这些不均等现象和努力采取有力措施予以纠正,终身教育就会为那些因种种原因而未能完成全部学业或因学业失败而离开教育系统的人提供新的机会。实际上,只要提高处境不利居民的入学率或加强对过早辍学青年的非正规教育等,教育机会不均等现象就不会全部地和自动地重新出现。为此,人们已成功地实施了许多旨在纠正某些不均等现象的战略,如瑞典的大众教育计划,尼加拉瓜、厄瓜多尔和印度的成人扫盲运动或特派团,德国、法国或丹麦的带薪学习假政策,泰国或越南分散布局的公共非正规基础教育服务等。[1]

一般来说,机会均等原则对所有致力于逐步确立终身教育各个方面的人来说是一项主要标准。这一原则符合民主的要求,因此将它正式地体现在灵活的教育方法中是正确的。通过这些方法,可以说社会从一开始就担保在每个人的一生中为其提供均等的就学和随后培训的机会,不管他受教育的道路是多么迂回曲折。有许多方案可供考虑,委员会将有机会在关于教育经费和创办教育时间信用证问题的本报告第8章中,就此提出一项建议。

多层面的教育

终身教育是不断造就人、不断扩展其知识和才能以及不断培养其判断能力和行动能力的过程。它应使每个人了解自己及其环境,并在职业界和居住区发挥作用。知识、技能、共同生活知识和生存知识是同

---

[1] Paul Bélanger, *Des sociétés éducatives en gestation*, paris, UNESCO, 1994. (UNESCO doc. EDC/S/8.)

一个现实的四个密切相关的方面。终身教育是日复一日的经历，并穿插有为了解复杂的数据和事实而付出巨大努力的时刻，它是多方面逻辑论证的产物。尽管它要求重复或模仿动作和做法，但它也是一种独特的学习途径和个人的创作途径。它把非正规学习与正规学习结合在一起，把发挥天资与掌握新技能结合在一起。它要求竭尽全力，但它也会带来探索的欢乐。它是每个人的独特经历，但也是最为复杂的一种社会关系，因为它同时属于文化范畴、工作范畴及公民的权利与义务范畴。

然而，是否可以说这基本上是人类的一种新的尝试呢？在传统社会，生产、社会和政治结构的稳定，为拥有一种相对不变的、带有循规蹈矩的启蒙习俗色彩的教育和社会环境提供了保证。现在这个时代扰乱了传统的教育空间：教会、家庭和四邻。此外，由于社会生活的变革和科技进步及其对个人工作和环境的影响，认为学校可独自满足人生所有教育需要的理性主义幻想已经破灭。首先是各工业社会的职业界有了调整和再培训的迫切需要；随后，其他国家和其他活动领域也逐渐有了这种需要。随着时间的推移而逐步建立的非正规和正规教育系统的针对性已引起争议，它们的适应能力使人产生了怀疑。虽然入学人数剧增，但由于教育系统本质上就不大灵活，只要预测工作出现一点点偏差，它们就会受到影响，尤其是在培训人们掌握未来技能方面。

我们今天之所以试图再现与历史上不同文化中的重要教育思想家的基本直觉认识相一致的终生进行的多层面教育的思想，是因为把这种思想付诸实践显得越来越有必要。但同时这也越来越复杂。每个人的自然环境和社会环境有全球化的趋势：怎样将其变成一个教育和行动空间？为使每个人都受益于世界文化遗产的多样性及其历史的特殊性，怎样同时进行普遍性知识培训和特殊性知识培训？

新的时代，新的领域

人们经常强调成人教育需求量已大幅度增加，有时甚至会说需求量急剧增加。成人教育具有多种形式：在非正规教育环境中接受基础培训，在大学进行半日学习，上语言课，进行职业培训和进修，在许多协会或工会、开放性教育和远距离培训等系统范围内接受培训。① 在某些国家，如瑞典和日本等，民众接受成人教育的比例为50%左右。这一切均让人想到，开展此类活动是全世界的一种持久而来势凶猛的趋势，这种趋势有助于从继续教育的角度为整个教育重新定向。

成人继续学习的国度——瑞典

瑞典的成人教育十分普遍，具有悠久的传统。这种教育是以多种形式并在极其不同的条件下进行的。正规和非正规教育活动取得很大成功：50%以上的成人一年接受一种有组织的培训。

由市政当局施行的（正规）成人教育旨在通过下述方式弥补社会内部文化水平的差异：使参加者满足扩大眼界的个人愿望，为其深造、参加职业生活和履行公民职责作准备。这种教育是免费的，它为文化水平不够高的成人在基础学校接受九年义务教育或在读完高中之后再提供一次补充培训的机会。1979—1991年，在大学或其他高等院校注册的大学生中，有1/3是通过这一途径注册的。

教学以独立单元的形式进行，每个学生自己决定希望上的课程数目、课程内容和进度。因此，他有可能同时学习和从事职业活动。

（非正规）大众成人教育旨在通过下述方式在瑞典的社会中倡导基本的民主价值：为所有的公民提供扩充其常识和基本技能、增强自信以及学会更好地理解和尊重他人意见的可能性。教学是在学生积极参与规划和执行各项任务的基础上进行的。与他人合作的能力被认为是必不可少的。此类教育活动多由国家补助，但其组织者们（政治团体、工会和民众

---

① Paul Bélanger, *Des sociétés éducatives en gestation*, Paris, UNESCO, 1994.（UNESCO doc. EDC/S/8.）

团体及地方当局）完全可以自行规定其内容。

大众成人教育是以寄宿方式在成人学校（民间高等学校）或在义务教育协会主持的学习小组内进行的。这些小组由那些在某一段时间内聚集起来一起学习或一起开展有组织的文化活动的人组成。参加或领导一个学习小组不要求具备任何资格。瑞典25%以上的成人参加了学习小组。

资料来源：Swedish Ministry of Education and Science, *Coherence between Compulsory Education, Initial and Continuing Training and Adult Education in Sweden*, Stockholm, 1994; Swedish National Federation of Adult Education, *Non-formal Adult Education in Sweden*, Stockholm, 1995.

除了上述种种因素外，工业化国家的深刻变革也影响到工作在社会中的地位。倘若工作今后不再是辨认多数人身份的主要凭据，将会怎样呢？我们之所以向自己提出这个问题，是因为我们发现用于工作的时间在缩短（青年人进入劳动市场较晚，退休年龄降低，年假时间延长，工作周缩短，半日工作在发展等）。此外，由于达不到充分就业的目的，我们可争取实现工作地位和合同多样化的目标：半日工作，定期或临时工作，不定期工作，发展个体经营。

不管怎样，空余时间增加后，应随之增加接受教育的时间，即接受启蒙教育的时间或成人培训的时间。同时，社会在教育方面的责任也增大了，这尤其因为教育已成为一个多方面的过程，它不局限于获取知识，不仅仅与教育系统有关。

同样，教育时间已成为终生的时间，教育场所和学习机会均有增加的趋势。我们的教育环境更加多样化，而且教育已超出正规系统的范围，以受益于其他社会参与者的贡献。

当然，不同的社会可以不同的方式对所有这些参与者的角色和职责进行分配，但是，在全世界，社会的教育方面看起来都是围绕同一些重点进行安排的。

争取实行自己选择时间的政策

今后，在工作时间方面，必须有一些新的想法，这些想法应进一步考虑到劳动者个人的优先选择和企业灵活性的需要。这种革新应比单纯缩短每周的工作时间走得更远,应涉及职业生活的全过程。为什么劳动者本人虽然经常表示希望在60—65岁之后继续从事某项活动,但却必须在此年龄段结束自己的职业生活?除了退休(如60岁后退休)享受养恤金的权利外,必须考虑灵活退休的可能性,以使劳动者在60岁后还可以从事某项职业活动。此外,既然劳动者正是在25—35岁肩负着许多责任,既然缩短工作时间、家长假、学术假或教育假等方案特受欢迎,为什么该年龄段的劳动者必须全日工作呢?一种考虑到这些需要的工作时间政策可为协调家庭生活和职业生活以及超越传统的男女分工作出很大的贡献。早在20世纪80年代初期,安德烈·戈兹便提出了大大缩短职业生活时间的理由。欧洲委员会前主席雅克·德洛尔的建议,即从现在起到2010年一个人有为期4万个小时的职业生活,强调了这一观点的现实性和针对性。

资料来源: European Trade Union Institute, 'Pour une politique novatrice du temps de travail en vue de sauvegarder l'emploi et d'améliorer la qualitéde la vie', in: R. Hoffman and J. Lapeyre (eds.), *Le temps de travail en Europe. Organisation et réduction*, pp. 285 – 286, Paris, Syros, 1995.

教育处于社会的核心位置

家庭是一切教育的第一场所,并在这方面负责情感和认识之间的联系及价值观和准则的传授。家庭与教育系统的关系有时被认为是对立的关系:在某些发展中国家,由学校传授的知识可能与家庭的传统价值观相对立;同样,处境很差的家庭往往把学校看作是一个陌生的世界,它们既不了解学校的规约,也不了解学校的用途。因此,家长与教师之间必须进行真正的对话,儿童的协调发展要求学校教育和家庭教育互相补充。在这方面,为处境很差的居民进行的学前教育的经验表明,上述两种教育的效率主要取决于家庭对学校的充分了解和信任。

此外，每个人终生都在作为其所属社区的社会环境中学习。从定义上讲，所属社区不仅因人而异，而且每个人一生中所属社区也会有变化。在这方面，教育取决于共同生活的愿望以及把群体的凝聚力建立在一系列共同计划之基础上的愿望：参加社团、宗教团体和政党均可促进此类教育。学校不应混同于社区，但是在保持其特性的同时，它绝不应脱离社会环境。所属社区具有巨大的教育影响，不论在学习合作和相互支援方面，还是在可能以更深入的方式积极学习公民的权利与义务方面，都是如此。整个社区应意识到自己要对每位成员的教育负责，或与学校经常对话，或在学校缺乏时，承担起部分非正规的教育工作。从这一角度看，女青年和妇女教育是妇女真正参与社区生活的先决条件。

约旦的社区行动为提高生活质量服务

在其为低收入的居民开展行动方面，约旦重要的非政府组织——努卡·阿勒侯赛因基金会（NHF）采用了社会-经济跨学科综合发展和特别突出妇女的原则。"生活质量"项目包括社区发展的所有需要，尤其是保健、营养、环境和教育方面的需要。整个项目由若干人力资源开发计划体现出来，这些计划为各社区提供它们需要的知识、教育和技能，而且家长和社区领导也作为已实行的正规和非正规教育的合作伙伴参与了上述计划。

"生活质量"项目在各农村地区开展，并运用一种首先强调在许多方面对村民进行培训的特殊战略：教他们在咨询、寻求协商一致和共同决策机制中承担一大部分责任（从前，这种责任主要由政府官员承担）；利用当地的有关技术；摸清存在的问题，规划要开展的行动，确定必要的资助类型；实施和评估他们自己的发展项目，在这些项目中，优先考虑妇女广泛参加的项目；管理和核对自己的账目；最后，不断收集、分析和评估有益于决策的信息。

为了实现"生活质量"项目的目标，人们鼓励地方社区成立自己的"村民发展委员会"，并在这方面对其进行培训，使其更加独立自立；建立自己的"村民发展基金"，负责鼓励自筹资金。社区对这些机构的参与已使村民们确认，自己的社区是一个可以依靠自己的人力资源和创收活动的有教养和有生产能力的、能够独立地满足自己发展需要并履行自己社会义务的社区。就这样，他们越来越意识到自身的价值，并为自己的成功感到自豪。培养社区从属和社会团结意识是所实行之战略的内在因素，这一战略把重点放在整个社区积极参与其自身发展以及其所有成员的终身培训、正规和非正规教育上。

安阿姆·阿勒穆夫蒂

职业界也是一个良好的教育环境。首先是学习一系列技能，而且在这方面，工作具有培养人的价值，这一点必须在大多数社会尤其是在教育系统内得到进一步的承认。这种承认意味着也应考虑在从事某种职业过程中所取得的经验。特别是大学应有这种考虑。从这一角度看，经常把大学和职业生活连接起来，应能帮助人们在补充工作岗位上的培训的同时返回学校继续学习，如果他们愿意这样做的话。应发展教育系统与企业之间的伙伴关系，以促进入门培训和继续培训之间的必要联系。青年交替培训可以补充或纠正入门培训，而且将知识和技能结合起来，也可为参与职业生活提供便利。青年交替培训还大大有助于青少年了解职业生活的限制和机会，同时能够帮助他们更好地认识自己和辨别方向。青年交替培训也是进入成熟期的一张王牌以及融入社会的一大要素。

在企业和学校学习：德国的交替培训

最近几年，德国的职业培训制度，即所谓的"双元制"或交替培训，越来越引起全世界的关注。这种培训制度往往被认为是德国的青年失业率比其他国家低的因素之一。人们认为,这种制度有助于学校和职业界之间的成功过渡,并能提高企业的适应能力。

在普通教育各门课程结束时,2/3以上的青年进入双元制职业教育。大多数青年是在学习9年或10年之后于16岁或17岁左右开始接受这种培训的。除有最低年龄(15岁)限制外,不要求具备其他任何特殊条件。

在这种双元制中,企业与学校这两个学习场所互相补充。青年人在工厂、车间、实验室、办公室或商店学手艺,同时,每周又上一两天职业学校。企业起着决定性的作用。它决定应接受的学徒数目(它与他们签订合同),青年人在它那里度过自己的大部分培训时间。为了确保在上述两个不同场所提供的理论和实践培训的互补性,这两类教育需相互协调。

在体制方面,双元制依靠的是联邦职业培训研究所这一协调机构,该研究所在各雇主组织和工会组织的协助下确定培训内容。该制度是以发展变化的方式设计的,以随时适应不断变化的经济需求。

交替培训可使青年在二至三年半的时间内获得相当于熟练工人(或职员)的资格。目前,这种培训涉及大约380种经核准的行业。许多青年在他们接受培训的企业中找到了工作。

资料来源: *Vocational Training in the Dual System in the Federal Republic of Germany*, Bonn, Federal Ministry of Education, Science, Research and Technology, 1994; *Bildung und Wissenschaft* [Education and Science] (Bonn), Nos. 5 – 6, pp. 7 et seq., 1992.

自由时间也是每个人可用于消遣和个人发展的时间。在这方面,我们发现了两个相关的动向。一方面,博物馆或图书馆等文化机构有加强其教育使命的趋势,它们不再局限于自己的科学使命或保存遗产的使命。另一方面,学校系统有同上述文化机构进一步合作的趋势。在这方面,可以"遗产班"的成功为例。由于教师与文化负责人的真诚合作,一些国家的"遗产班"让学生经常接触某一古迹或遗址。学校应利用电视促进学生对博物馆、剧院、图书馆、电影院以及对本国特有的所有文化场所的了解，以使未来的成人具有审美观和不断接触各种人类精神作品的愿望。

最后，必须超越教育和传媒之间往往被认为是不可缓和的对立状态。辩论的实质和提及的主要论据已众所周知。一方面，教育工作者经常指责传媒，尤其是电视台把一种比较无关紧要的文化共同标准强加于人，缩短思考和阅读的时间，迫使人们观看暴力场面，更为普遍的是，玩弄人们的感情。另一方面，传媒的辩护者则指责学校系统墨守成规或厚古薄今，并责备学校系统使用过时的方法传授过时的知识，因此导致中小学生和大学生厌倦甚至讨厌学习。

然而，从广义上讲，不管人们对传媒作品的质量如何评价，它们都是我们的文化环境的组成部分。它们的目的不一定都是教育性的，但是它们确有诱惑力，必须考虑到这一点。因此，各级学校系统最好将传播工具用来达到自己的目的，其方法是编制一些教育节目，通过广播或电视在学校播放：在日本，90%的学校已把电视作为教学工具。学校系统对传播工具尤其是对电视有一种特殊的责任，因为根据小学生看电视的时间判断，电视在他们的生活中占有越来越重要的位置：在西欧，小学生每年看电视 1 200 小时，约为美国的两倍，而这些孩子每年在学校大约只待 1 000 小时。因此，教师应培养学生的批判能力，使他们将电视当作学习工具，对电视传播的各种信息进行筛选和分类。必须始终牢记教育的下述主要目的：培养每个人的判断能力以及据此采取行动的能力。

此外，人们普遍认为，传媒是非正规教育和成人教育的有效传输工具。例如，开放大学和远距离教育的经验已证明，今后拟定一项包括信息和传播技术在内的教育战略是重要的（参见第 8 章）。

寻求教育的协同作用

在生命的各个时刻，虽然上述种种教育环境的优先程度不同，但是均应加强它们之间的互补关系，促进它们之间的复杂过渡，以恢复在许多传统社会中曾以其他形式存在的真正协调一致的教育。

必须在这方面探索知识与技能之间或者生存知识与共同生活知识之间可能存在的协同作用，并由此寻求有关种种教育形式和环境的互补性。此外，在正规系统之外广泛提供教育，这符合各社会表达的多样性要求，有助于教育途径的多样化。因此，在中小学或大学与上述种种教育"抉择"之间应有一种积极的关系：一种互补和合作的积极关系，但也是一个变革的过程和对传统教育实践的质疑。

因此，教育已成为所有人的事情。它涉及全体公民，公民们今后都是学校施行的教育的积极参与者，而不再仅仅是被动的享受者。每个人均可在各种教育环境中学习，甚至可在教育社会中轮流充当学生和教员。由于毫不犹豫地把非正规教育与正规教育结合起来，教育已成为社会的经常性生产任务，全社会都应对教育负责，只有通过教育，社会才能面目一新。

因此，除了职业进修的迫切需要外，目前扩充继续教育的最初概念不仅符合文化发展的需要，而且尤其符合迅速变革社会中的每个人积极自力更生方面的至关重要的新要求。由于过去的传统为其提供的许多标准业已丧失，他们必须不断运用自己的知识和判断能力来辨认方向、思维和行动。人的活动的各个阶段、各个领域都应为此作出贡献，以使个人的发展与参与社会生活并行不悖。那时，不再有时间和空间限制的教育便成为生活本身的一个方面。

提示和建议

- 终身教育的概念是进入21世纪的关键所在。它超越了启蒙教育和继续教育之间的传统区别。它与另外一个经常被提及的概念——教育社会的概念联系在一起。在教育社会中，事事都可成为学习和发挥才能的机会。
- 以新面孔出现的继续教育被认为大大超出通常的范围，尤其是在发达国家，如成人的达标、进修以及转换职业和晋升等活动。它应为满足所有人的各种不同需要而提供教育机会，或是提供第二次或第三次机会，或是满足求知、爱美或超越自我的欲望，或是进修和扩充与职业生活的要求密切相关的知识，包括实践知识。
- 总之，"终身教育"应利用社会提供的一切机会。

第三部分　方针

第6章 从基础教育到大学

贯穿每个人一生的教育这一概念,并没有导致委员会为了校外教育或非正规教育的利益而忽视正规教育的重要性。相反,委员会认为,那些保证每个人能继续学习的技能和能力,正是在教育系统内培养出来的。因此,正规教育和非正规教育远非相互对立,而是相互补充的。不过,教育系统还应适应这些新的要求:对教育的不同阶段重新进行思考,在它们之间重新建立联系,按照不同于原来的方式对它们重新作出安排,确保它们之间有可能相互转换,并使学习途径多样化。这样就会避开严重困扰教育政策的难题:要么择优,这样做会使学业失败增多和排斥危险增加;要么实行平均主义,传授同样的课程,这样做又会压制个人才能的发挥。

将伴随一个人一生的对待学习的态度,正是在家庭中,广而言之也是在基础教育(其中尤其包括学前教育和初等教育)阶段培养形成的:在此阶段,人的创造性思想火花可能光芒四射,也可能渐渐熄灭;接触知识可能成为现实,也可能无法实现。正是在这一时期,每个人都在获取有助于提高推理能力和想象力、判断能力和责任感的手段,也都在学习如何对周围世界产生浓厚的兴趣。委员会充分地意识到,在各个社会群体、世界各国或各地区之间仍然存在着不能容忍的差异:人人享受高质量的基础教育仍然是20世纪末的重大挑战之一。这正是国际社会在宗滴恩世界全民教育会议上所作承诺的含义所在:在全世界所有地方(因为这个问题不只是涉及发展中国家),每一个人都需要认识自己生活在其中的这个世界,掌握认识世界必不可少的知识。这一承诺应不断予以重申，已作出的努力应当继续下去。

然而，委员会认为，对中等教育作出类似的承诺应列入21世纪大型国际会议的议程。应把中等教育设想为每个人生活中的一个十字路口：正是在这里，青年们应能根据自己的爱好和能力决定自己的未来；还是在这里，他们能够获得有助于他们成人阶段的生活圆满成功的能力。

因此，中等教育应当适应青少年走向成熟的不同过程，这些过程因人而异，因国家不同而有很大区别；这一级教育还应适应经济和社会生活的需要。应使学生的学习途径多样化，以便适应他们多种多样的才能，还应增加学习指导阶段，提供补课或改变学业方向的机会。最后，委员会对发展工读交替制度予以坚决支持。这不仅仅是进一步密切学校与职业界的关系，同时也是向青少年提供应付社会和职业现实的手段，从而使他们认识自己的弱点和优势：这种做法无疑将有助于他们走向成熟。

最后，高等教育应在创造、保存和在最高层次上传授知识方面继续发挥自身的作用。但是，高等教育机构在从空间和时间的角度对教育进行重新思考方面，也起着决定性的作用。高等教育机构应把实行公平原则和培养优秀人才结合起来，向所有社会群体和经济团体的成员敞开大门，而不考虑他们以前的学业情况。大学尤其应试用有助于联系上新的学习者群体的方法，承认正规教育系统之外获得的能力和知识，以及借助于师资培训和教师培训者的培训宣传新的学习方法，以这些行动给人们指出前进的道路。

为了努力建立一个人人都能学习并且终生都能学习的社会，我们应当重新思考教育机构与社会之间的关系和各级教育的衔接交替问题。教育同职业生活一样，不间断的路今后必然越来越少，因为在各个学习阶段之间掺杂着工作。由于有了各种新的证明形式，也由于从一类或一级教育过渡到另一类或另一级教育更加容易，以及教育和劳动并不像以前那样被严格分开，这种学习和工作交替的办法应该越来越容易被社会所接受。

走向生活的通行证：基础教育

对20世纪增加教育机会的工作所作的总结，既令人自豪又使人羞愧。1960—1995年，全世界在中小学校注册的学生从2.5亿增加到10亿以上。这期间，能读会写的成人人数几乎增加了2倍，即从1960年的大约10亿人增加到今天的27亿多人。尽管如此，全世界仍有8.85亿文盲，文盲比例是：妇女中约为2/5，男子中为1/5。享受基础教育的机会远非人人都有，更不用说是否有希望读完小学了：1.3亿儿童没有接受初等教育的机会，1亿已入学的儿童不能完成四年学业，这是不忘记所学的东西，不会导致复盲所需坚持的最低限度的学习年限。两性差距虽在缩小，但是仍然极大；尽管女青年和妇女教育给整个社会带来的好处已被不可辩驳的事实所证明，但是这一差距依然如此。①解决那些仍被排斥在教育之外的人的问题，不只是需要发展现有的教育系统，而且还应在确保每个儿童和每个成人享受恰当的高质量的基础教育的协同努力范围内，设计和确定完全适用于这个或那个群体的新模式和新系统。

今日世界的儿童劳动现状

据官方估计，5—14岁的童工今天大约有7 850万。这一估计是国际劳工局根据对一份调查表的答复作出的；有40%的国家没有回答这一调查表。因此，实际数字无疑要高得多。另外，可以推测，世界上达到上小学年龄但是并未入学的1.28亿儿童中的很大一部分，以及达到上中学年龄但未受过任何教育的孩子中的50%，实际上已开始从事这种或那种经济活动。

---

① 参见第四次世界妇女大会1995年9月15日在中国北京通过的《宣言》和《行动纲要》[*Report of the Fourth World Conference on Women* (Beijing, 4-15 September 1995), New York, United Nations, 1995 (UN doc. A/Conf. 177/20)]。另见：Elizabeth M. King and M. Anne Hill (eds.), *Women's Education in Developing Countries*, Washington, D. C., The World Bank, 1993.

此外，全世界还存在着奴役儿童的各种形式，如将成人劳动合同与使用童工的可能性联系起来，或者以儿童换钱。国际劳工局估计，在农业、家佣、地毯业和纺织业、采石和制砖业以及性"行业"等领域，有数千万受奴役的儿童。

从绝对数字看，亚洲这一世界上人口最多的地区童工人数最高（约占总数的一半以上）。但是从相对数字看，非洲居于首位，平均三个儿童中有一个从事经济活动。在工业化国家，虽然儿童从事劳动远不像第三世界国家那样普遍，但是这一现象已经又有抬头。

劳动时数过多给儿童带来的最为普遍的危险，是他们无法得到受教育的机会。累得疲惫不堪是发生事故的一个主要原因，而且可能阻碍智力的发展。女青少年尤其面临着危险，差不多在所有地方，她们往往既要从事经济活动，又要干家务活，劳动时数比男孩还要多。

由于劳动环境危险，而且几乎不受任何规章制度的约束，童工们每天都面临着患病或长期残疾的严重危险，如受伤、传染病和骨骼变形等，受雇当佣人的儿童劳动时间很长，又不能见到家人和朋友，因而经常出现心理障碍。

资料来源：*Child Labour*, Geneva, ILO, 1995.

儿童的基础教育可确定为（正规或非正规的）启蒙教育。这一教育原则上从孩子 3 岁左右开始，一直到至少 12 岁。基础教育是必不可少的"走向生活的通行证"，它使享受这一教育的人能够选择自己将要从事的职业，参与建设集体的未来和继续学习。如要成功地同两性之间的不平等以及同各国内部和国家之间的不平等现象作斗争，基础教育则是至关重要的。

教育是一项人权，是实现平等、发展与和平目标的一个重要工具，非歧视性教育使女孩和男孩都受益，因而终将使妇女与男子的关系更平等。如要更多的妇女成为变革推动者，就必须要有平等的机会取得教育资格。妇女识字是改善家庭内保健、营养和教育以及使妇女有权参加社会决策的关键。投资于女孩和妇女的正规和非正规教育和培训,其社会效益和经济效益特别高,已证明是实现可持续发展以及持续的和可行的经济增长的最佳手段之一……(《北京行动纲要》第69段,1995年)

为了缩小给妇女、农村居民、城市贫民、处于社会边缘的少数民族和数百万未上学的童工等许多群体带来痛苦的巨大差距,基础教育是必须跨越的第一步。

教育既是普遍的,又是特定的。它应当提供全人类共有的统一因素;与此同时,它还应处理在极其不同的社会阶层中出现的特定问题。工业化国家中有许许多多的人能享受到高水平的教育、知识和技能,而非工业化国家中能够享受的人则少得可怜;为了避免使今日世界分裂的这种教育隔离现象,应当努力解决与不发达状态密切相连的"知识缺乏"问题。教育专家们在确定尚需发展的认识能力和情感表达能力以及基础教育应传授的整套基本知识时,有可能做到使发展中国家和工业化国家的所有儿童都能获得认知力各个主要方面的最起码的能力。宗滴恩会议所赞同的正是这一概念:

> 每一个人(无论他是儿童、青年还是成人)都应能获益于旨在满足其基本学习需要的受教育机会。基本学习需要包括人们为生存下去,为充分发展自己的能力,为有尊严地生活和工作,为充分参与发展,为改善自己的生活质量,为作出有见识的决策,为继续学习所需的基本学习手段(如识字、口头表达、演算和解题)和基本学习内容(如知识、技能、价值观念和态度)。(《世界全民教育宣言》第1款第1条,以及《满足基本学习需要的行动纲领》,1990年)

该《宣言》所述的基本学习需要涉及"每一个人(无论他是儿童、

青年还是成人）"。我们认为,任何把基础教育当作向处境不利的居民提供的一整套可以满足应急需要的最起码的知识的倾向,实际上都是错误的。广义的基础教育不只是适用于所有社会,它还应导致重新审查所有国家在初级教育阶段的教育实践和教育政策。国际社会在宗滴恩会议上所赞同的,就是普遍提供一种适合于所有人的教育,它既能使人们为今后的学习打下坚实的基础,也能使人们获得积极参加社会生活的基本能力。不管是在工业化国家,还是在发展中国家,教育中的许多方面都还没有达到这一标准,这一事实应当激励我们不要只满足于最起码应做的事,而应努力做更多的工作。

如果把人人有享受教育的权利和享受教育的平等机会定为追求的目标,那就需要各级各类参与者共同努力。公共权力机构不应仅仅满足于提供基础教育,还应考虑采取下述某些措施,努力消除学生特别是女生上学遇到的各种困难:

• 仔细绘制学校地图,以尽可能保证儿童,尤其是女孩上学的路途不要过长;

• 在家长为阻止自己的女儿同男孩交往而不送她们上学的文化传统占主导地位的地区,建造女子学校或供女孩使用的专门设施;

• 在男教师居多时,招聘更多的小学女教师;

• 为学生在校用餐作好安排;

• 根据孩子们承担的家务劳动调整课时表;

• 支持有家长和地方组织参加的非正规教育计划;

• 改善基础设施,特别是使人们更容易得到无污染的水,以免女孩担负沉重的家务,使她们腾出时间用于学习。

另外,在所有国家,甚至在所有儿童都注册进入小学的国家,都有必要进一步把重点放在教育的质量上。基础教育既是为生活作准备的阶段,又是学会学习的最好时期。在专业教师和教学管理人员还很缺乏时,基础教育就成了自学的关键。在提供各种不同的课程供学生选择的国家里,基础教育既是打牢知识基础的时期,同时也是指导学生定向的第一阶段。

图 2　1992 年一些国家的女生和男生的平均在校时间（年数）

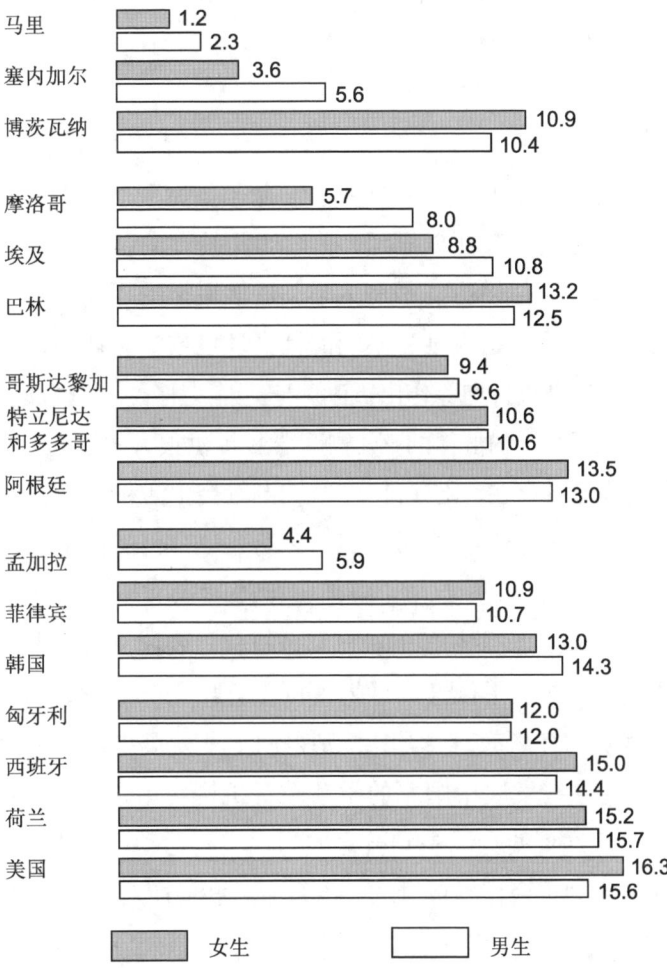

在本图中，平均在校时间系一个 1992 年入学的 5 岁孩子可望享受的正规教育年数。图中所列国家只是作为举例而从不同地区选出来的，没有任何特殊原因作为这一选择的依据。欲了解详情，请见教科文组织 1995 年的《世界教育报告》表 2.2 和附录 1。

在有了教科书之后，各级教育包括基础教育阶段学习的一个最重要的因素，就是在学习环境中的时间。每次学习中断，每次造成学习时间减少的意外事件，均会影响学业成绩；教育政策负责人应更加注意使官方规定的学年在大多数情况下成为名副其实的学年。由于教学往往特别重视考试成绩，因此当局应确保考试是对它们希望看到学生获得的知识和技能的适当考核。此外，要想扩大教育范围，使其不仅仅涉及知识和技能，还包括学习共同生活所需的能力和个人的充分发展，就需要认真复查课程内容和教学方法。

幼儿教育

委员会愿意强调幼儿教育的重要性。除了借助于幼儿中心和计划而开始社会化进程之外，有证据显示，受过幼儿教育的孩子与没有受过这一教育的孩子相比，往往更能顺利入学，过早辍学的可能性也少得多。较早入学有助于克服贫困或某种不利的社会环境或文化环境造成的最初困难，从而可为促进机会均等作出贡献。它还能为移民家庭的孩子，或在文化或语言上属于少数的群体的孩子融入学校提供很大的便利。此外，学龄前儿童教育设施的存在，还有利于妇女参与社会生活和经济生活。

但不幸的是，在世界大多数国家中，幼儿教育仍然很不发达。即使高度工业化国家中的几乎所有儿童都能接受学前教育，在这方面仍有许多事情需要去做。多种功能的社区服务机构只要注意考虑儿童发育方面的各项需要，一些费用低廉的计划就可拟订出来。这样，幼儿教育就可以同针对家长的社区教育计划，特别是同一些发展中国家的这类计划结合起来，因为这些发展中国家的学前教育机构费用很高，只有纨绔子弟才能进入。应在促使全民基础教育成为现实的运动范围内，为在全世界增加幼儿学习的机会作出或继续作出努力。我们应对此寄予希望。

有特殊需要的儿童

家庭是儿童的第一所学校。但是在家庭环境丧失或缺少家庭环境时，学校就应确保每个儿童的潜力都能充分发挥出来。对来自不利环境的儿童施行的教育的所有方面应受到特别注意；教育工作者应齐心协力地关心街头流浪儿、孤儿、战争受害儿童或其他灾害的受害儿童。当一些儿童有在家庭环境中难以断定或满足的特殊需要时，学校应提供专门的帮助和指导，使这些学习有困难或身体残疾的儿童的才华能够得到发展。

成人基础教育和扫盲

当基础教育和扫盲计划同获取有关农业、手工业或其他经济活动的实用技能相结合时，这些计划通常对成人更有吸引力。成人教育还为处理环境和卫生保健问题、人口教育、了解不同的价值观和文化的教育提供极好的机会。为教育目的而使用传播媒介，可促使成人了解超越其狭小的个人阅历范围的世界，特别是了解遍及现代世界的，然而发展中国家的公民接触仍然有限的科学和技术。

图3　1980—2010年各地区成人文盲估计数（以百万计）

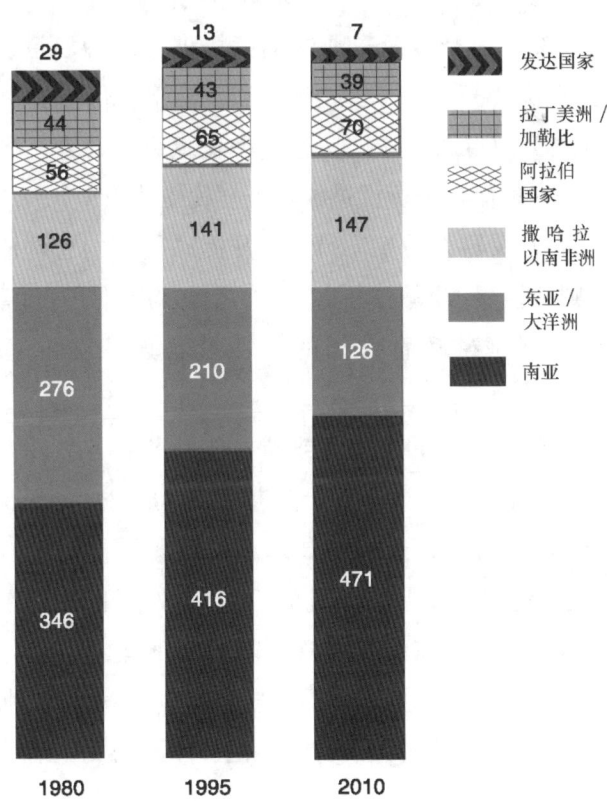

教科文组织统计处收集的数据。所有地区均符合教科文组织所用术语。原苏联各国，其中包括地处亚洲的国家，均归入发达国家一类。

社区参与及其责任

学校教育的成功在很大程度上取决于社区对教育的重视程度。当人们高度重视教育而且很想享受到教育时，周围社区就会赞同和支持学校的使命与目标。因此，应当鼓励和支持旨在加强基层社区作用的运动。教育还应被社区感觉到是适用于实际生活状况的，也是符合其需要和愿望的。在决定教学语言和认真分析如何更新教学计划、课程内容、教师培训计划和教材时，应当考虑农村和城市环境的特殊性。当家长们对送子女上学感到厌恶时，应吸收地方社区参加对各种需要的评估活动，同当局和社会上的其他有关团体进行对话，并利用媒体、社区讨论会、父母教育和培训及教师的继续培训等各种场合继续这一对话。这样，社区就会充分认识到这是谋取自身福利和发展的必要条件。国家向那些努力自助、自我改进和自我组织的地方社区提供补助金，这种做法比由上而下强行推进的行动显得更为有效。

应当鼓励地方领导人的主动行动，并提高他们的管理能力和技术能力，尤其是财务监督方面的能力。妇女团体，特别是有母亲参加的妇女团体，对于确保基础教育计划的成功及其连续性可起决定性的作用。

社区参与的形式之一，是使用或建立能够开展各种教育活动的社区中心。这些活动包括：家长教育，促进社会发展（如初级保健或计划生育）的教育，以及旨在通过提供技术和财政援助提高经济能力的教育等。例如，已有一些得到联合国机构或非政府组织支持的试验活动，这些试验把扫盲和旨在获取贷款的教育同那些专门针对妇女的计划成功地结合了起来。[1] 这些社区中心的计划可满足多种多样的需要，例如食品计划、老年人计划、青年计划、社会和文化活动及创收活

---

[1] 有关向穷人贷款的一项新试验的情况介绍，参见：Rahnuma Shehabuddin, *The Impact of Grameen Bank in Bangladesh*, Bangladesh, Grameen Bank, 1992. 1995 年在北京举行的世界妇女大会的一个引人注目的事件，就是根据乡村银行创始人穆罕默德·尤尼斯和教科文组织总干事费德里科·马约尔签署的一项协议，在银行活动和扫盲之间建立了联系。

动计划。最后，社区的进一步参与应从以下两个方面反映出来：对服务有了更高的要求，对服务可能提供的东西有了更好的了解。

将一些社区成员聘为教师助理或学校系统的专业人员助手，也可被视为参与的一种形式。这种来自社区的教师与国家任命的教师合作共事的做法，在几内亚最近进行的教育改革中显得极为有益。在针对津巴布韦的莫桑比克难民教育计划方面，地方社区也普遍赞赏并强有力地支持旨在提高从社区招聘人员的理论和教学水平的培训计划。这些来自社区的教师在工作与脱产学习交替进行十年之后，均顺利通过各种考试，正式获得了教师合格证书。

尽管有许多有利之处，但是在社区参与和赋予社区的权力方面也有弊端。已进行的试验很难推广。决策权一旦下放，权力就有可能集中到那些并不代表整个社区的地方领导人手中。维持原有的水平和实行质量监督有可能变得更加困难。不过，当条件有利和国家提供应有的支持时，这种参与性方法可以带来积极结果。①

因此，社区对教育特别是对基础教育的参与应同国家承担的责任和开展有力的行动同时并进。在确保所有社区的儿童都有机会享受良好的教育，成人都有机会为改进自己的工作和提高生活质量而学习方面，国家应发挥重要作用。

中等教育：人生的十字路口

正规教育系统引发的许多希望和批评，似乎都集中在中等教育身上。一方面，家庭和学生往往把中等教育视为提高社会和经济地位的途径；另一方面，人们又指责中等教育不平等，没能充分地向外部世界开放，总的说来，未能使青少年不仅为接受高等教育，而且为进入职业界作好准备。此外，人们还认为，所教授的学科内容缺乏针对性，对态

---

① 参见：Sheldon Shaeffer（ed.）, *Collaborating for Educational Change: The Role of Teachers, Parents and the Community in School Improvement*, Paris, International Institute for Educational Planning, 1992.（Increasing and Improving the Quality of Basic Education Series.）

度和价值观的培养没有给予足够的重视。现在，人们普遍承认，为了实现发展，居民中应有更多的人接受中等教育。① 因此，明确中等教育为青年人今后过成人生活作好准备应当做些什么是很有益的。

既然把教育视为一个应当持续终生的过程，就应重新考虑中等教育的内容和组织安排。在劳动市场需求的压力下，学校教育的时间有延长的趋势。只要看看全世界入学率的上升情况，就会注意到，在正规教育所有部门中，中等教育发展最快。

然而，在许多国家里，随着学生人数的增加，学业失败现象也在增多，留级和辍学比率上升就是证明。例如，在拉丁美洲，留级生的比率每年达到学生总数的30%，从而造成宝贵的人力和财政资源的浪费。委员会认为，在所有留级和辍学比率上升的地区，均应采取强有力的措施，分析原因，努力找到补救办法。需采取的措施主要包括以下内容：师资培训的改革，提供财政援助，分成小组工作的革新性试验，引进集体教学或利用有助于使用现代教材的技术。

同时，终身教育原则应为个人的充分发展和基础教育后的培训提供更加广阔的可能性，它尤其能使成人重新回到正规教育系统。可以肯定，如不考虑应向成人提供的教育机会，就不可能认真考虑中等教育问题。可以终生利用的"教育时间信用证"的思想，可有助于制定一项以青年时代中断学习的人重新接受培训的实际方式为中心的政策；需要探讨的问题包括学习假，对能力的承认，非正规学习经历证书，以及在各种教育途径之间架起桥梁等问题。

因此，在终身教育这一背景中，有可能把中等教育同培训多样化、进一步加强学习与职业活动或社会活动交替制度以及努力提高质量这三大原则联系起来。

中等教育的多样化

基础教育不论其期限多长，都应以满足全体居民的共同需要为目

---

① Luis Crouch, Emiliana Vegas and Ronald Johnson, *Policy Dialogue and Reform in the Education Sector: Necessary Steps and Conditions*, Washington, D. D., Research Triangle Institute, USAID, 1993.

的，而中等教育则应是各种才能的显露和充分发展的时期。应当充实和更新公共课内容（语言、理科、文化常识），以便反映各种现象的日益世界化，文化间相互了解的必要性，以及将科学用来为人的持久发展服务等情况。换言之，应当进一步关心质量问题，以及在一个常常被技术垄断且迅速变革的世界中为生活作好准备的问题。委员会无论在何处举行会议，都会听到人们表达这样一种希望，即希望正规教育，特别是中等教育，在培养学生今后预见和适应重大变革所需的性格素质方面，发挥越来越大的作用。学生应能在学校获得既有助于他们掌握新技术，又使他们有能力应付冲突和暴力的工具。应当培养他们的创造能力和同情心，这些都是他们成为未来社会的公民——既是积极参与者又是创造者——所需要的。

今天，中等教育阶段传授的理论课程往往主要是为青年接受高等教育作准备，而那些学业失败者、辍学者或在高等教育中找不到位子的人则被丢在一边，这些人又都缺乏工作和生活的本领。使课程结构多样化，进一步重视教学内容和为职业生活作准备，这些都应是任何改革追求的目标。教师的奉献精神和能力同课程内容一样，决定着教育的质量和针对性；因此，如果没有教师的参与和全力支持，任何教学计划的改革都是不能成功的。

旨在培养中级技术人员和手工业者的技术和职业教育与培训，对于发展中国家来说十分重要。然而，正是在最需要发展技术培训的国家里，由于高质量技术培训的资源不足，费用较高，该领域的发展难度很大。职业培训应使下述两个完全不同的目标协调起来：为从事现有的工作作准备和培养一种对尚未想象出来的工作的适应能力。在若干发展中国家可以找到建立技术和职业教育与培训的实用方法：诸如新加坡、泰国和中国香港等东南亚国家和地区在寻求有效的解决办法方面就表现出了想象力。某些培训课程花费不多，却非常适合于能够提高经济生产率的中级技术的应用。例如，促使农业技能现代化的许多方法不需要花很多钱，而且可以作为基础教育和中等教育的教学内容加以传授。为了有针对性，针对工业部门的职业教育应与就业部门密切配合进行。

制订教育计划需要的时间很长,如将教师培训纳入教育计划,情况更是如此。一项新的计划可能要经历十年时间才能对劳动市场产生影响。通过与所有部门的雇主发展伙伴关系和进一步使用新的教学技术,对加强现有的非正规安排和在职培训活动予以更多的重视,这样做可能不失为上策。① 与在其他类别的教育中一样,有关政策应瞄准缩小性别之间的差异,鼓励女青少年参加各种类型的技术培训。

此外,还应从终身教育的角度使教学期限多样化。在许多情况下,使在校学习时间和工作时间相互交替,这也许更适合于青年人的学习方式。不过,政府当局应负责保证始终向青年敞开继续学习的大门,并正式承认他们接受的技术和职业教育及其学习时间。开展将工作与中等教育结合起来的、时间长短不等的工读交替式职业培训,只有在使有关人员在从事某种职业活动数月或数年之后有可能重新获得继续教育机会的情况下,才有长久的意义。因此,有关当局须在财政上给予支持,以鼓励雇主们一方面向其全体雇员,特别是向青年人提供在职培训机会,另一方面向那些愿意在义务教育后继续学习的雇员提供学习假。更一般地说,"终身教育"的指导原则应导向开辟有助于职业活动时间与学习时间交替的新的教育途径(其中尤其包括发放"教育时间和资金信用证")。

在多民族的社会里,人们现在关心的是用母语进行教学,而且有关政策的走向越来越明显,这就是只要可能,就用儿童的第一种语言开展基础教育。然而,对于普遍开展第二和第三种语言的教学工作并未给予足够的重视。委员会认为,进一步强调语言教学很有必要,目的是使尽可能多的青年同时学习一种民族语言和一种传播范围广的语言。懂一种国际语言,这在 21 世纪的地球村里和世界市场上将是不可缺少的。每个人掌握两种语言并不是一个不可实现的目标;此外,从历史上

---

① 参见:Claude Pair, *Vocational Training Yesterday, Today and Tomorrow*, Paris, UNESCO, 1994 (UNESCO doc. EDC/Ⅲ/3 Rev.1)。

看,会说几种语言的能力曾是世界许多地方确定的标准。在许多情况下,要获取最新科学技术知识,懂一种国际语言可能是必不可少的,这些知识有助于一个国家达到经济发展的现代水平。鼓励儿童和青年学习几种语言,这就是让他们握有为在未来的世界中获得成功而必备的王牌。

在未来的地球村里,如不能接触到最新的信息技术,就很可能对各级科技教育产生负面影响,不论是师资培训,还是教育系统本身,包括高等教育,情况都是如此。因此,为了像委员会主张的那样把科学技术学习纳入全民教育之中,应努力消除工业化国家和非工业化国家之间在科技教育方面的差距。特别应当寻求创新手段以引进信息技术和工业技术,这不仅是为了教育目的,也是,甚至可能尤其是为了确保师资培训的质量,并使全世界的教师相互交流。第一步是使"中心"学校拥有必要的设备和人员,形成一定的信息和传播能力,以使它们能为"卫星"学校提供服务。在那些资源缺乏的国家里,也要这样做。创建科学博物馆,呼吁就业部门给予合作,以及设立流动教学单位等做法,也都是能使更多的学习者获取最新的科技知识的手段。在缺乏中学阶段高质量理科教育的国家里,这种状况使国家科学能力的发展受到损害;因此,有必要在这些国家内和通过开展地区性合作,采取紧急措施解决这一问题。

职 业 指 导

青年人通常是在中等教育阶段选择他们今后进入成人生活和职业界的道路的。职业指导有助于不同的学生在各种学科中进行选择,它不应对今后可能作出的选择关上大门。教育系统应有足够的灵活性,以便根据个人差异安排学习单元,建立起能沟通各门课程的桥梁,以及如以上指出的那样,为在工作一段时间后可能重新回到正规教育中来作出安排。

选择职业教育或普通教育中的某一特别学科的依据,应是对学生的长处和短处所作的认真评价。作为这一总评价之一的学业评价不应导致这样的结果，即按照不及格情况或一些旧框框进行筛选，对学业不好的学生，一律引导他们从事体力劳动；对女青少年，一律指导她们不学习技术和科学。

换言之，职业指导的前提是建立在将教育标准与青少年未来个性预测巧妙结合基础上的评价工作。学校应能对每个学生的潜力形成一个正确的看法。应尽可能做到职业指导人员能随时提供指导，以便为选择适当的课程提供便利（同时要考虑到劳动市场的需求）。对某些学生的学习困难情况作出判断，并帮助解决他们的社会问题。中等教育承担的责任的确十分重大，因为每个学生的未来生活往往在校墙之内就有了雏形。因此，中等教育应进一步面向外部世界，并应使每个学生能根据自己的文化程度和在校学习情况调整自己的发展方向。

高等教育的传统使命和新使命

在一个社会中，高等教育既是经济发展的一种动力，又是终身教育的一个核心组成部分。它既是知识的保管者，又是知识的创造者。此外，它还是传播人类积累的文化和科学经验的主要工具。在智力资源作为发展因素与物质资源相比将越来越占优势的未来社会，高等教育和高等教育机构的重要性只会日趋增加。另外，由于革新和技术进步，经济领域将越来越需要具有高等教育水平的专业人才。

到处都在对高等教育机构施加压力，要求它们把门开得更大一些。在20年间，全世界在高校注册的学生人数增加了一倍多，从1970年的2 800万人增至今天的6 000多万人。可是，无论是在接受教育的机会方面，还是在教学科研质量方面，都始终存在着严重的不均等现象。特别是在撒哈拉以南非洲，每1 000居民中仅有1人享受高等教育，而在北美洲，这个比例则是1/50。在工业化国家，每个大学生的实际开销比最不发达国家的大学生高出10倍。然而，即使高等教育开支不多，它对某些经常出现预算困难的最贫困国家来说，仍然是个十分沉重的负担。

在发展中世界的大部分地区，高等教育近10年来一直处于危机之中。由于实行结构调整政策和政治形势不稳定，高等教育机构的预算减少了许多。大学毕业生失业和人才外流破坏了高等教育在人们心中的信誉。过于偏重社会科学导致劳动市场上现有的毕业生类别失衡，使毕业生和雇主对高等教育机构传授知识的质量感到失望。

社会压力和劳动市场的特别需求导致高等教育机构和学科出现异常多样化的局面。高等教育没有摆脱"为了满足经济的迫切需要而从政治上有力地和紧急地确认教育改革的必要性"[1]这种思想的约束。大学已不再垄断高等教育；事实上，各国的高等教育系统，无论是在结构、计划和学生方面，还是在经费筹措方面，现在都已变得多种多样，纷纭复杂，很难对它们作出明确的分类。[2]

学生人数和高等教育机构数目的增加导致高等教育开支日益增多。高等教育面临着伴随大众化而来的各种棘手的问题。然而，我们尚未拿出有效的办法迎接高等教育大众化这一挑战，因此有必要重新审查高等教育担负的使命。

高等教育的功能

首先，大学聚集了与知识的发展和传播相结合的所有传统职能：研究，革新，教学和培训，以及继续教育。最近几年变得越来越重要的另一项职能即国际合作，亦应增加到这些职能之中。

这些职能都能促进持久发展。大学作为科研和知识创造的自治中心，可帮助解决社会面临的某些发展问题。知识界和政界领导人，未来的企业领导人，以及大多数教师，都是大学培训出来的。在发挥社会作用方面，大学可以利用自己的自治地位，针对未来社会的各种重大伦理和科学问题展开辩论，还可以同教育系统的其他部分建立联系，向成人

---

[1] George S. Papadopoulos, *Learning for the Twenty-first Century*, Paris, UNESCO, 1994. (UNESCO doc. EDC／Ⅲ／1.)

[2] *Policy Paper for Change and Development in Higher Education*. Paris UNESCO, 1995. (UNESCO doc. ED.94／WS／30.)

提供重新学习的机会，并作为研究、丰富和保护文化的中心发挥作用。在高等教育受到越来越大的压力，要求它考虑社会关心的各种问题时，人们也把注意力集中到了大学的另一些可贵的、必不可少的属性——学术自由和机构自治上。虽然这种自由和自治不能提供最佳担保，但它们是这种担保的一个先决条件。

大学对整个社会发展所负的责任，在发展中国家比在其他任何地方都更为突出。在发展中国家，高等教育机构的研究工作为国家的发展计划、政策制定和中高级人才培养打下重要基础。人们对地方和国家一级的高等教育机构在提高本国发展水平方面可能起的作用的重要性，是不会强调得过分的。在发达的工业化国家和发展中的非工业化国家之间架设桥梁的主要责任，应当由高等教育机构承担。此外，这些机构还可能是教育改革和革新的工具。

学习的场所和知识的源泉

鉴于科技知识在社会、工业和经济交流中，以及在将研究成果用于人的发展方面发挥的作用越来越大，高等教育机构在其主管领域保持高水平的研究能力极为重要。今天，高等教育机构为争取研究资金，正在与一系列经营者（其中包括一些私营部门经营者）展开竞争。此外，高等教育机构在履行传统使命，包括赋予研究人员智力活动自由、辩论自由和严格的评价保障来推动知识进步等方面，比其他任何机构都处于更加有利的地位。

社会科学和自然科学领域的科学研究工作的确应当是独立的，不应受政治和意识形态方面的压力，但是这一工作仍应为社会的长远发展作出贡献。理科教学应当避开毫无效果的学究方法，也不要把自己关闭在象牙塔之中，在那些特别需要在技术方面取得进展的国家，尤其应当如此。然而相反，不应为提高眼前的生产率而牺牲科学的质量，因为这一赌注同科学本身一样，既是普遍存在的，又是涉及范围很广的。

在知识和信息量迅速增长的时代，在人们相信高等教育能够满足越来越多而又各种各样的公众的教育需要的时代，高等教育机构师资培训的质量和教学质量日益重要。高等教育机构在师资培训方面，在同不属于高等教育的师资培训机构建立联系方面，以及对负责师资培训的教师进行培训方面都起着决定性的作用。它们应为社会上的经济部门和其他部门的教师敞开大门，以促进这些部门和教育部门之间的交流。

因此，每个人都应能在不同程度上直接依靠高等教育，来享受共同的知识遗产和最新的研究成果。这就要求大学与社会订立某种道义契约，以补偿社会向其提供的资源。

高等教育与劳动市场的变化

随着社会的进步和人被机器所取代，就业结构也正在发生变化。从事体力劳动的工人数量在下降，而监督、管理和组织工作则在增多，从而增加了对各级劳动者的智力能力的需要。

在资格方面，所提要求不断增多。不管是工业方面还是农业方面，现代技术的压力使那些懂得和掌握这些技术的人占了优势。雇主们越来越要求其雇员有能力解决新问题和采取创新行动。至于在早已工业化的国家开始占有优势地位的服务部门，它们往往要求有广泛的文化知识，并了解人的环境提供的各种可能性，这些可能性也就构成了对教育的新要求。

为了满足对通晓最新技术和有能力管理日益复杂的系统的专家的需求，大学已开始更加重视科学技术培训。鉴于目前没有任何东西能使人们认为这种趋势今后会有改变，大学应继续努力满足上述需求，因而应使各专业学科不断适应社会的需要。

然而，这项工作的困难程度是不应当低估的。在科研和教学之间往往存在着竞争。按学科进行的划分有可能不适应劳动市场的需要；取得优异成绩的机构，正是那些善于以灵活方式和合作精神开展超越学科界限的教学的机构。许多理科大学现在遇到的问题是，指导优秀学生应面向科研，还是面向企业？要想有灵活性，就必须尽量保持高等教育的多方位特点，以使大学毕业生得到适当的培养，为进入劳动市场作好准备。

大学——面向全民的文化场所和学习场所

大学的任务是培养大量青年人从事研究工作或其他专业性工作。此外,它还应继续成为满足日益增多的、以自己的好奇心寻求使生活富有意义的人的求知的源泉。这里所设想的文化是广义的文化,它包括从最严密的科学到诗歌的所有精神领域和想象领域。

在这方面,大学有一些使自己成为独特场所的特点。大学是保存人类遗产的活的宝库,这些遗产由于教师和研究人员的使用而不断具有新的生命力。大学通常都是多学科的,这有助于每个人超越自己原初的文化环境的界限。与其他教育机构相比,大学通常与国际社会有更多的接触。

每所大学都应成为"开放"大学,在空间上提供远距离学习的机会,在时间上提供在不同的时候进行学习的机会。远距离教育的经验表明,对在高等教育这一级学习的人来说,将传媒手段、函授课程、信息化传播技术和个人接触恰当地结合起来,有可能扩大所提供的费用较低的选择方案。这些方案应包括职业培训和使个人得到充实的课程。另外,根据每个人既是学生又是教师的思想,还应进一步求助于高等教育教师以外的专家:分组集体工作,同周围的社区开展合作,以及学生为社区提供服务,这些都是能够丰富高等教育机构的文化作用的因素,应予鼓励。

委员会在把大学视为面向全民的文化场所和学习场所时,不仅想使其中心主题——终身教育具体化,还希望大学的下述使命甚至是责任得到公认:参与有关社会发展趋势和未来前景的大辩论。

高等教育与国际合作

高等教育机构在利用国际化来填补"知识空白"及丰富各国人民之间和各种文化之间对话方面,拥有很大的优势。同一学科的科学工作者之间的合作正在跨越国界,成为研究工作、技术、概念、态度和活动国际化的一个强有力的工具。然而,研究工作和科研设施集中在经济合作与发展组织（OECD）各成员国中，这是对经济上最不发达国家的持久发展的一个挑战。

欧洲联盟和经合组织成员国中最富裕国家之间结成的网络，给科学和文化带来了极大的好处。不过，无论这些网络多么有用，多么强大，如果不同时加强南北合作和南南合作，它们仍有可能扩大参加网络的国家和被排斥在网络之外的国家之间的差距。不管怎样，在中期内，高水平人才为寻求重要科研中心的研究职位而外流的现象，将继续使世界上最贫困的地区变得更加贫困。不过，令人欣慰的迹象是，只要一有机会（无论多么有限），一些大学毕业生和研究人员便开始返回原籍国。最富裕地区的大学界面临的紧迫任务之一，是努力拥有必要的手段，来加快合作步伐和帮助提高最不发达国家的研究能力。

工业化国家的研究机构与发展中国家的研究机构建立结对关系，对双方都将是有益的，因为为了解决地球村的各种问题，必须更好地了解发展问题。南南合作也充满希望。例如，在亚洲或拉丁美洲所作的研究非常适合于非洲，反之亦然。

不管在发达国家还是在发展中国家，为了研究各地区的发展问题，经济部门也需要在科研方面同大学建立合作伙伴关系。国际捐助者也可能对所有这些伙伴关系予以新的推动。

人员自由流动和科学知识共享是本委员会赞同的重要原则。"知识富有"国家的大学和政府在充分考虑到尊重知识产权的情况下，应当利用一切可能的手段，来加强世界上最贫困地区的潜力，扩大它们利用信息的机会。这些手段包括交换学生和教师，帮助建立传播系统，特别是建立远距离信息传送系统，分享研究成果，设立大学间网络，以及创建地区高级研究中心。

迫切需要：与学业失败现象作斗争

在委员会的整个思考过程中，学业失败及其涉及范围增大这个问题始终萦绕在我们的脑际。虽然这个问题对来自处境不利阶层的青年威胁尤其大，但它对所有社会类别都有影响。学业失败的形式多种多样：反复留级，中途退学，改学没有实际前途的科目，以及学生在学业结束时既没有获得公认的资格也没有掌握公认的技能就离开了学校等情况。学业失败无论如何都是一种令人十分痛心的浪费，它挫伤士气，对人和社会产生消极影响；它还往往导致社会排斥，这些青年人在整个成人生活中将深受其害。

  教育系统的首要目标，应是减少来自社会边缘和处境不利阶层的儿童在社会上易受伤害的程度，以便打破贫困和排斥现象的恶性循环。需要采取的措施包括鉴别出学生遇到的往往与家境有关的障碍，以及对最困难的学生采取优待政策。因此，如同许多国家对位于城区或贫困郊区的目标群体和学校所做的那样，应当寻求补充资金和采用特殊的教学方法。不过，应当避免建立"教育隔离区"，以避免出现与接受传统教育的学生相隔离的任何形式。可以设想在所有学校内采取一些辅助措施：对于那些不太适应学校系统，但对其他类型的活动往往显示出才能的学生，可设想出若干灵活的、有伸缩性的学习途径。为此，必须采用特殊的教学进度和开办学生人数不多的小班。另外，如有可能，在学校和企业之间采取工读交替的办法，这也有助于学生更好地融入职业界。所有这些措施，虽然不能完全消除中途退学和在没有获得应有资格的情况下就离开学校等现象，但是可以大大减少这些现象。

  为了使已进入劳动市场但无相应资格的青年获得职业生活所需的技能，还应考虑采取重返学校学习或补课的措施。随后，应系统地作出具体安排，通过开设新的培训课程，向处于社会边缘的青年人或成人提供新的机遇。总而言之，可以这样说，发展终身教育和终身学习，乃是获得适应每个社会变化的新资格的特殊手段。

美国速成学校的经验

  美国速成学校取得的成功经验，是美国人对本国近 1/3 中小学学生学业失败这一教育系统面临的危机提出的最佳解决办法之一。

这些学习成绩不好的学生,亦称为"面临危险的学生"。他们在学校里通常落后于他人两年,其中一半以上的学生离校时未获任何文凭。这些学生大多来自处境不利的、贫困的社会阶层,属于不会说英语的少数民族群体;许多学生还生活在单亲家庭中。

速成学校的原则是以这样一种信念为基础的,即同一个年龄组的所有学生在毕业时是可以取得同一水平的学业成绩的。这意味着必须要求学习成绩差的学生以比条件优越的学生更快的学习步伐努力学习。这就需要向有困难的学生提供好的学校。

这类学校的构思基于这样一种设想:对有"天赋"的学生提供的教育也适合于所有儿童。这就意味着不要把有困难的学生视为思维迟钝、没有能力在正常期限内学习的学生,而是相反,要为这些学生确定在严格规定的期限内应当实现的雄心勃勃的目标。

每个学生、每位家长和每位教师都应当相信,学习成绩不好并不是不可避免的。呼吁所有的人与学校的教学人员一道组成一个握有全权的负责任的社区。这个学校社区在对学校究竟应是什么样子的问题形成一种共同看法之后,便开始建造一所学会自己逐步解决出现的各种问题的速成学校。

这个社区应当依靠每个人的通常未被充分利用的才干。学校的这一变革过程正在改变人们的态度,并有助于创造一种新的文化。

资料来源:European Commission, *Teaching and Learning. Towards the Learning Society*, p. 89, Luxembourg, Office for Official Publications of the European Communities, 1996.

用新的证明方式承认获得的能力

为使每个人都能不断地增加自己的资格,委员会认为必须根据每个地区和每个国家的具体条件，对提供证明的程度重新进行深入研究，以使启蒙教育之外获得的技能得到考虑。

事实上，正规教育结束时获得的文凭现在仍然经常是谋求技术性工作的唯一王牌。既无毕业文凭也无任何公认的技能的青年人不仅就个人而言是失败的，而且在劳动市场上也处于不利地位，在许多情况下是长期处于这种地位。因此，十分重要的是，企业和包括大学在内的正规教育系统能够承认已获得的技能，特别是在职业生活过程中获得的技能。目前，世界一些地区正在研究这类方案。例如，欧洲委员会在最近发表的《白皮书》[①]中就提出准备建立《个人技能卡》；此卡有助于每个人要求社会承认自己获得的知识和技能。除了在启蒙教育中获得的文凭之外，在世界各地以多种形式采用上述证明方法，似可使一个人的所有能力都充分发挥出来，并可增加教育与职业界之间的过渡机会。而且，这些建议既适用于有毕业文凭的人，也适用于无文凭的人。

提示和建议

- 提出一项对所有国家都有效的，但是方式和内容不同的要求：加强基础教育。重点是初等教育及其基本教学内容，即读、写、算，以及用一种有助于对话和理解的语言表达自己意见的能力。
- 有必要向科学和科学世界开放，这种必要性今后会越来越大，因为这是打开21世纪的大门和接触21世纪科学技术巨大变化的一把钥匙。
- 应使基础教育适应特殊情况，适应最贫穷的国家和居民的需要。要以日常生活的实际情况为出发点，日常生活能使人们有机会理解自然现象和接触到适应社会需要的不同形式。
- 提醒人们注意成人扫盲和成人基础教育的紧迫性。

---

① European Commission, *Teaching and Learning: Towards the Learning Society*, Luxembourg, Office for Official Publications of the European Communities, 1995.

- 在任何情况下都应特别重视师生关系，因为哪怕是最先进的技术，也只能对师生关系（传授、对话和争论）起支持辅助作用。
- 应从终身教育这一总的前景出发，重新思考中等教育。基本原则是安排多种多样的学习途径，永远不要关闭今后可能重回教育系统的大门。
- 如果上述原则得到充分的贯彻执行，那么关于选择和定向指导问题的讨论就会比以前清楚多了。在这种情况下，每个人都会感到，无论青少年时代作过什么选择，上了什么课，今后接受教育的任何一扇大门，包括学校的大门，都不会向自己关闭着。这时，机会均等才有实际意义。
- 即使像许多国家目前的情况那样，除大学之外还有其他一些高等教育机构，大学也应处于整个机制的中心地位。
- 大学被赋予四种基本职能：
    1. 培养学生从事研究和教学工作；
    2. 提供适合于经济生活和社会生活需要的高度专业化的培训；
    3. 向全民开放，以满足最广义的终身教育各个方面的需要；
    4. 国际合作。
- 大学也应作为一种社会需要的，能帮助它思考、理解和采取行动的智力权威机构，能够完全独立和完全负责地就伦理问题和社会问题发表意见。
- 中等教育的多样化和大学提供的各种机会，应能消除"通向王位的唯一道路"这一观念，同时又能有效地应付教育大众化这一挑战。它们与普及工读交替制相结合，还应有助于同学业失败现象进行有效的斗争。
- 终身教育的发展，要求研究对获得的全部能力都予以考虑的新的证书形式。

第7章　教师在探索新的前景

前几章已经指出，委员会使教育在个人和社会的发展中承担着宏伟的任务。我们把即将来临的21世纪认作是这样一个时代，在这个时代中，遍布天下的所有个人和公共机构将不仅把追求知识视为达到某种目的的手段，而且也视为目的本身。每个人都将受到鼓励去抓住一生中可得到的各种学习机遇，而且每个人也都会有抓住机遇进行学习的可能性。这意味着我们对教师期待更高，要求更严，因为这一设想的实现在很大程度上取决于他们。在教育青年不仅满怀信心去迎接未来，而且以坚定和负责任的方式亲自建设未来方面，教师的贡献是至关重要的。自中小学开始，教育就应致力于迎接这些新的挑战：参与发展，帮助每个人理解并在某种程度上掌握国际化这一现象，促进社会团结。教师在培养积极的或消极的学习态度上也起着决定性的作用。他们应激发好奇心，培养自主能力，鼓励思考的严谨性，并为正规教育和继续教育的成功创造必要的条件。

教师作为变革的因素，在促进相互理解和宽容方面，其作用的重要性从未像今日这样不容置疑。这一作用在21世纪将更具决定意义。狭隘的民族主义应让位于普遍主义，种族和文化偏见应让位于宽容、理解和多元化，集权制应由民主的各种表现形式所取代，一个高技术为某些人之特权的分裂世界应由一个技术上统一的世界所取代。这一变革的迫切需要赋予教师以巨大职责，他们要为培养新一代人的性格和精神作出贡献。这事关重大，它把童年和一生中所得到的精神价值置于首要地位。

要提高教育质量，首先必须改善教师的招聘、培训、社会地位和工作条件。教师只有在具有所需的知识和技能、个人素质、职业前景和工作动力的情况下，才能满足人们对他们的期望。[①] 本章将着重研究小学和中学教育在这方面提出的问题，以及为提高教学质量而在这两个阶段可考虑采取的各种措施。

社会对教师寄予的合理期望是什么呢？向他们提出何种要求才是现实的呢？在工作条件、权利、社会地位方面他们又能指望得到什么补偿呢？什么人可以成为一个好教师，又如何发现此种人才，如何培养他和保护他的积极性，并提高他的教学质量呢？

学校在向世界开放

近些年来，我们几乎随处可以看到信息的惊人发展，无论是在其来源方面还是在传播方面都是如此。孩子进校时已越来越带着一个世界的——真实的或想象的——痕迹，它大大超出家庭和附近社区的范围。各种大众媒介传播的各式各样的信息——娱乐节目、新闻、广告——与孩子们在学校所学的东西形成竞争或者背道而驰的局面。这些信息常常被编成简短的片段，它对世界许多地区学生的专注力的延续时间产生负面影响，因而也对课堂内的关系产生负面影响。当学生在学校度过的时间比看电视的时间还少时，他们会觉得两者之间的反差很大，传播媒介给他们的是瞬时的满足，不要求他们作出任何努力，而学有所成却有着严格的要求。

由此，教师和学校丧失了很大一部分属于他们的教育经验优势，必须面对新的任务：把学校办成更能吸引学生的场所，并向他们提供真正理解信息社会的钥匙。

与此同时，不能再把周围社会的种种问题拒之于校门之外：贫穷、

[①] 参见：A. R. Thompson, *The Utilization and Professional Development of Teachers*: *Issues and Strategies*, Paris, International Institute for Educational Planning, 1995.（The Management of Teachers Series.）

饥饿、暴力、毒品和学生一起进入学校中来,而这些现象不久前一直存在于学校之外。人们不仅期望教师有能力应付这些问题,向学生解释从宽容的发展直到节制生育等一系列社会问题,而且还期望教师能在家长、宗教机构或国家当局常常失败的地方获得成功。此外,教师还应在传统和现代性之间,在儿童所固有的思想及态度与教学计划的内容之间取得正确的平衡。在课堂和外部世界的分隔变得不甚严格的情况下,教师还应努力把教育过程延伸到校外,具体办法是组织一些外部学习活动,并在内容方面建立起所授课程和学生日常生活之间的某种联系。

如此强调教师应承担的传统的或新的任务,不应引起任何意义上的含混不清。尤其是不应为某些人的观点辩解,这些人把我们社会的一切罪恶都归咎于他们认为是不好的教育政策。不,应该由社会本身及其所有组成成分去纠正影响它正常运转的机能障碍,并重建社会生活和人际关系所必不可少的各种要素。

过去,学生一般被迫接受学校传授给他们的东西,在教学语言、内容或安排方面都是如此。今天,公众越来越认为在有关教学组织安排的决定方面,他们有权发表意见。这些决定直接影响到教师的工作条件和人们对他们的要求。这些决定还会引起现代教学实践的另一种内部矛盾。一方面,只有教师将孩子们随身带至学校的知识作为其教学的起点——这既指教学语言也指科学、数学或历史,孩子们才能学有所得。另一方面,为使学生能够在独立自主能力、创造性和好奇心等方面摄取必不可少的补充,教师应在学校和周围环境间绝对保持某种距离,以使儿童和青少年有机会锻炼他们的批判意识。教师要和学生建立一种新的关系,从"独奏者"的角色过渡到"伴奏者"的角色,从此不再主要是传授知识,而是帮助学生去发现、组织和管理知识,引导他们而非塑造他们。[①] 但在那些指引终生的基本价值方面,则始终要有极大的坚定性。

[①] General Union of Educational Personnel(ABOP)/National Institute for Curriculum Development (SLO)(Netherlands), *Teaching in the Information Age:Problems and New Perspectives*(paper submitted to the Commission),Amsterdam,ABOP/SLO,1994.(In Dutch.)

期望与责任

人们要求教师既有技能,又有职业精神和献身精神,这使他们肩负的责任十分重大。人们对教师的要求甚多,而应予满足的要求又似乎是无限的。许多国家的教育在数量上的发展常常表现为教师奇缺,课堂人满为患,以及由此产生的针对教育制度的种种压力。美其名曰"结构调整"的稳定政策已对许多发展中国家的教育预算,因而也对教师薪酬直接产生了影响。

教师职业是世界上组织得最紧密的职业之一,所以教师组织在各种领域能够起着并且正在起着极大的作用。全世界目前约有 5 000 万教师,大部分参加了工会或认为工会可代表他们。这些组织的活动旨在改善其成员的工作条件,它们在教育拨款的分配上可施加重大影响。在许多情况下,它们对教育过程的各个方面以及教师培训有着深刻的认识和经验。在许多国家,它们是学校和社会之间对话的重要参与者。 教师组织与教育负责当局之间的对话应得到改进,不应只限于工资和工作条件问题,应将讨论扩展到教师在规划和实施改革中应起中心作用这一问题上来。教师组织可在有关建立职业信任气氛和对教育革新持正面态度方面作出决定性的贡献。在所有教育系统中,教师组织都提供一条和各级教育工作者进行商讨的渠道,改革的规划和实施应成为一个时机,以就各种目的和方法达成一致。违背教师意愿或没有教师参与的教育改革从来没有成功过。

教学是一种艺术,一门科学

教师和学生间确立的强有力关系是教学过程的关键所在。当然,知识可以各种方式获取,而且远距离教学和在教学方面使用新技术已被证明是卓有成效的。但是,对几乎全部学生,尤其是尚未掌握思考和学习方法的学生而言,教师仍是无法取代的。如果说个人发展的继续必须以独立的学习和研究能力为前提，那么这种能力只有在向一位或数位教师求学一段时间后才能获得。对善于教人思考、让人产生更努力深入某个问题的强烈愿望的教师，有谁不怀念他呢？在生活过程中需作出某些重大决定时，又有谁未曾从教师处所学的知识，哪怕是部分知识中得到启迪呢？

　　教师的工作并非只是传授信息，甚至也不是传授知识，而是以陈述问题的方式介绍这些知识，把它们置于某种条件中，并把各种问题置于其未来情景中，从而使学生能在其答案和更广泛的问题之间建立一种联系。师生关系旨在本着尊重学生自主性的精神，使他们的人格得到充分发展。从这个观点出发，教师所享有的权威总是有着自相矛盾的特点，因为它不是建立在确认其权力的基础上，而是建立在自由承认知识合法性的基础上。这种权威的概念无疑需要发展，但却始终是重要的，因为学生提出的关于世界的种种问题的答案即来源于它，也是它决定着教学过程的成功。此外，如果希望学生日后有能力预见变革，并通过终身继续不断地学习来适应变革的话，那么在现代社会里就越来越需要教育为培养个人的判断力和责任感作出贡献。与教师一起工作并同他对话，有助于学生发展自己的批判意识。

　　教师的巨大力量在于作出榜样。他们要表现出好奇心和思想开放，并随时准备用事实来检验自己的假定，甚至承认错误。传授学习的兴趣，尤其是教师的责任。委员会认为教师培训需要重新加以审查，以期在未来教师身上培养特有的人文和智力品质，以便沿着本报告提出的方向促进新的教学方法。

教师的质量

　　世界学龄人口的快速增长导致人们大量招聘教师。进行这种招聘工作常常受有限财政资源的限制。因此，并非总有可能找到合格的候选人。经费和教学手段的匮乏以及课堂人满为患常常导致教师工作条件的严重恶化。接纳那些社会和家庭方面处境艰难的学生，又迫使教师接受他们毫无准备的新任务。

我们无论怎样强调教学质量亦即教师质量的重要性都不会过分。学生的学习态度以及对自己的想象,在基础教育的早期阶段即已基本形成。在此阶段,教师起着决定性的作用。学生要克服的障碍——贫穷、困难的社会环境、身体残疾——愈是严重,对教师的要求就愈多。教师为有效应对这一切,只能展示极为多样的教学才能以及表现出不仅是权威的,而且也是情感同化、耐心和谦虚等的人文品质。如果一个儿童或成年人遇到的第一位教师是位未经过充分培训并且缺乏积极性的教师,那么他们未来进行学习的基础本身就缺少坚固性。委员会认为各国政府应努力重新确认基础教育师资的重要性并提升他们的资格。

图4　1992年各地区以百万人口（15—64岁）为单位计算的（各级）教师数

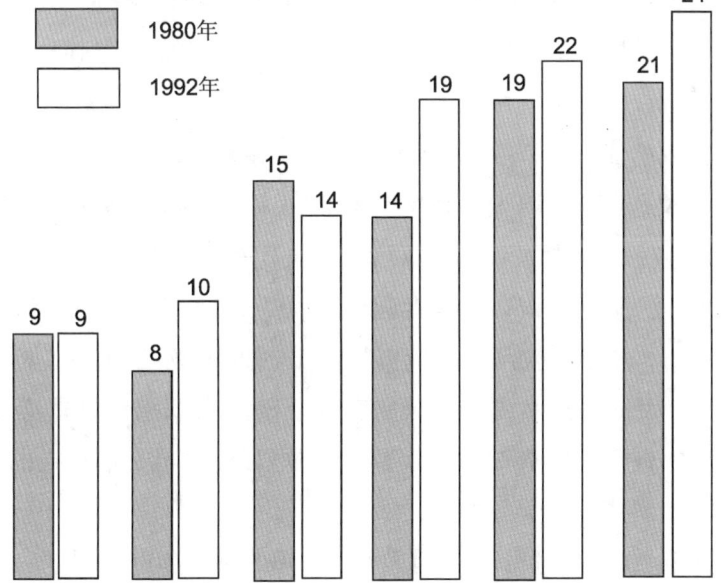

教科文组织统计处收集的数据。所有地区均符合教科文组织所用术语。原苏联各国,其中包括地处亚洲的国家,均归入发达国家一类。

每个国家应根据自己国家的特定情况，确定应采取何种措施以在最有积极性的大学生中招聘未来的教师，改进他们的培训工作并鼓励他们当中最优秀者去最艰苦的岗位上工作。采取此种措施是绝对必要的，否则，就不可能看到在最需要改善的地方教学质量能有重大的改善。

因此，提高教师的质量和积极性应是所有国家的一项优先任务。下文中将指出为达此目的而应采取的某些措施，并在本章的随后段落中对之加以详细说明。

• 招聘：改进选拔工作，同时通过更积极地寻求候选人来扩大招聘基础。可考虑采取特别措施，以利于招聘具有不同语言和不同文化背景的候选人。

• 启蒙教育：加强大学和未来中小学师资培训机构之间的密切联系。定期的目标是让所有的教师，特别是中学教师，能够到高校学习，他们的培训可与大学合作，甚或在大学范围内进行。此外，考虑到未来教师在学生人格整体发展中的作用，这一培训要将重点尽快体现在第4章所述的教育的四个支柱上去。

• 在职培训：制订各种在职培训计划，使每个教师尤其可借助合适的传播技术经常得到培训。此类计划可用来使教师熟悉信息和传播技术的最新成就。一般来说，在职培训在决定教学质量方面的作用如果不是更大，至少也是和启蒙教育同样大。① 远距离教学技术的使用可以节省费用，并可使教师至少能够以部分时间继续工作。它同样也是开展改革，引进新技术或新方法的有效手段。在职培训并非必然仅在教育系统内进行：在经济部门工作或学习一段时期也是很有益的，它可促使所学知识接近所学的本领。

• 师范教育的师资：对师范教育、教师的招聘和进修问题应予特别重视，以使其在教育实践的定期革新方面作出贡献。

• 督导：视察工作提供的不仅是检查教师"成绩"的机会，还有和

---

① Ken Gannicott and David Throsby, *Educational Quality and Effective Schooling*, Paris, UNESCO, 1994. (UNESCO doc. EDC/IV/2.)

他们就有关知识、方法和信息资源演变等问题保持对话的机会。应该思考如何确定优秀教师,如何对他们进行奖励。必须以具体的、一致的和定期的方式测定学生的成绩。重要的是强调学习的成果和教师在取得这些成果方面所起的作用。

• 管理:旨在改进学校领导工作的管理改革,可以减轻落在教师身上的日常性行政事务的压力,从而使人们可就特殊条件下的教学目的和方法进行讨论。一些辅助性服务,如社会福利人员或学校心理学顾问的服务看来很有必要,因而应在各处设立起来。

• 校外人员的参与:可以各种方式使家长参与到教学过程中来,对职业学校某些讲授主题具有实践经验的人也同样如此。

• 工作条件:必须更加努力支持教师在困难境况中所表现的积极性。为了挽留优秀教师继续任教,应向他们提供令人满意的工作条件和与其他要求同等教育水平的职业类别相同的报酬。对在边远地区和条件很差地区工作的教师要给予特别的好处,这对鼓励他们留下来,以使处境不利的居民不致因合格教师的缺乏而条件更差是非常必要的。无论地理流动性多么可取,各种调动不应由中央当局任意决定。教师职业和其他职业之间的流动,如果期限不长,可予积极鼓励。

• 教学手段:师资培训的质量和教学的质量一样,在很大程度上取决于教育手段的质量,特别是课本的质量。① 教学计划的革新是个持续的过程,教师应在设计和实施阶段就参与进去。采用技术手段可使视听材料得到更广泛的传播。借助于信息技术,在介绍新的知识,讲授有关本领或评价学习结果方面是很有前途的。传播技术在正确使用的情况下,可以使学习更有效率并给学生提供一条诱人的通道,去接触一些从当地环境中难以获得的知识和技能。技术可以在工业化国家和非工业化国家之间架设一座桥梁,帮助教师和学生攀上没有技术的帮助就无法达到的知识高度。许多很好的教学手段可以帮助培训不足的教

---

① *Priorities and Strategies for Education*:*A World Bank Review*,Washington,D. C.,The World Bank,1995.(Development in Practice Series.)

师既提高其教学能力，也提高其所掌握的知识水平。

学习应该教的知识和如何教授这些知识

今天，世界整体上的演变如此迅速，以致教师和大部分其他职业的成员从此不得不接受这一事实，即他们的入门培训对他们的余生来说是不够用的：他们必须在整个生存期间更新和改进自己的知识和技术。应注意保持所授学科方面的才能和教学法方面的才能之间的平衡。在一些国家里，有人指责教育系统忽视教学法，而在另一些国家，却又过分优先考虑教学法，人们认为这种做法会导致出现一些对其所授学科不具有足够知识的教师。其实，两者都是需要的，入门培训和在职培训都不应舍此就彼。此外，培训教师时还应向其反复灌输这样一种教学观：它超越实用性，鼓励提问、相互作用和研究不同的假设。无论是教师的入门培训还是在职培训，其主要使命之一是在教师身上发展社会所需的伦理的、智力的和情感的品质，以使他们日后能在他们学生身上培养同样的品质。

高质量的培训意味着未来的教师应与有经验的教师以及在各自学科中工作的研究人员进行接触。在职教师也应经常有机会通过小组工作会议和在职培训实习来提高自己。在职培训（按尽可能灵活的方式实施）的加强，在提高教师的能力和积极性方面，以及在改善他们的地位方面，可以作出许多贡献。鉴于教学和教学法质量改进研究工作的重要性，教师培训还应包括为研究而培训这一强化成分，教师培训机构和大学之间的联系也应进一步加强。

必须特别致力于招聘和培训科学与技术教师，并向他们传授新技术。因为各国，特别是贫穷国家，科学教育有待改进。而我们都知道，在克服不发达状态以及和贫穷作有效斗争方面，科学和技术具有怎样的决定性作用。因此，特别是在发展中国家，必须通过改进科技教师的培训，来克服初级和中级科学技术教育的弱点。在此方面，职业教育常常缺少合格的教师，这种情况无助于提高它的声誉。

师资培训有成为一种与众不同的培训的趋势，它使教师和其他职业隔离开来。这种状况需要得到纠正。教师也应有可能从事学校范围以外的职业，以便能和职业界的其他方面熟悉起来，比如企业的生活，他们就往往了解甚少。

教师在工作

学校与社区

在教师和地方当局建立的关系中，可以发现许多有助于改进教师教学成绩和积极性的线索。当教师本人属于他们任教之集体时，他们的牵连关系会更明显。他们会更加关心这个集体的需求，并能更好地为实现这个集体的目标而努力。因此，加强学校和地方社区的联系就成了使教育和其环境相依为命发展的主要方法之一。

学校行政管理

研究和经验性的观察表明，决定学校效率的主要因素之一（如果不是唯一主要因素的话）就是学校校长。一个有能力组织有效集体工作，并被视为懂行和思想开放的好的行政主管人员，常能成功地在其学校中引进重大的质量上的改进。因此必须保证把学校领导托付给合格的，尤其在管理方面受过特定培训的专业人才。这种资历应使学校领导者获得更大的决定权，以及对其出色行使困难职责的奖励。在终身教育中，每个人时而是教师，时而是学生。从这种观点出发，也可招聘教育界以外的人士在限定的时期内承担特殊的任务。他们能带来某些教师们不具有的，但能满足某种需要的技能，比如以一种少数民族语言讲课，给难民上课，或者在教学和职业界之间建立更密切的联系等。在某些情况下，为提高学校出勤率，改进教学质量和社会团结，请家长对专业教师的教学给予协作已显示出有益性。

菲律宾的学校和家庭携手共同提高学生成绩

在菲律宾,通过家长教学支持系统(PLSS),提高了学生学习成绩,并更加密切了学校和家庭的联系。这一革新性计划承认家庭在其子女教育中的作用,从而为他们与专业教师合作提供了方便。

此计划在每所学校由教师和家长构成的小组负责管理。它特别强调培训工作。学校的教师和校长接受某些管理技术的培训,如能建立有效合作关系和经过协商作出决定的方法,以及学会和家长及学生对话。此计划还为家长举办了一些研讨会,就如何为其子女的教育作贡献给他们出谋划策。孩子们也和他们的家长一起参加某些研讨会。

在开展此计划期间,家长被引导到教学过程中来。他们在教师的指导下,帮助子女在家庭或学校中学习。他们也在授课过程中协助教师,观察子女在课堂上的表现以及所使用的教学方法。他们的评论和建议在他们定期和教师一起召开的会议上得到讨论,随后会共同采取一些特定的措施。

最早的此类试验是在莱特省的一个农村社区和大马尼拉市奎松城的一个棚户区进行的。鉴于在学生成绩上的巨大进步以及辍学率的惊人降低,这一项目已成功地推广到全国其他地区。

资料来源: I. D. Cariño and M. Dumlao Valisno, The Parent Learning Support System (PLSS): School and Community Collaboration for Raising Pupil Achievement in the Philippines', in: S. Shaeffer(ed.), *Collaborating for Educational Change: The Role of Teachers, Parents and the Community in School Improvement*, Paris, UNESCO-IIEP, 1992.

让教师参与教育问题的决策

应进一步吸收教师参与有关教育的各种决策。教学计划的制订和教材的编写要在在职教师的参与下进行,因为对学习的评价无法和教学实践分离。同样,学校的行政管理、监察和教师评价系统通过吸收教师参与决策过程只会获得好处。

促进有效教学的有利条件

为了丰富教师经验而增加他们的流动（在教师职业的内部以及教师职业与其他职业之间）是可取的。教师要能工作好，不仅需要足够的资历，也要得到足够的支持。除物质条件和合适的教学手段外，还需要有一种评价和检查制度，它要能够判断各种困难并能予以解决，其中的检查工作可作为识别高质量教学和鼓励这种教学的手段。此外，它还意味着每个集体或地方行政机构都须研究如何才能利用周围社会的现有人才来改进教育：外部专家对学校教育或对校外教育活动提供协助，家长以适当的方式参加学校的管理或追加资源的动员工作；与一些协会联系以安排与职业界的接触、组织外出、文化或体育活动或者和学校工作无直接联系的其他教育活动等。

当然，就教师质量、教学过程和教学内容进行改革不会不遇到种种难以解决的问题。教师有理由要求合适的工作条件和地位，因为它们表明他们的努力得到了承认。必须为教师提供他们所需要的手段，以使他们能尽可能地发挥各种作用。反过来，学生和整个社会有权期待教师以献身精神和敏锐的责任感来完成他们的职责。

提示和建议

- 虽然教师的心理和物质状况因国家不同而大相径庭，但是，如果"终身教育"要完成委员会为其确定的、旨在促进社会进步和加强人民之间相互了解的中心使命，就必须提高教师的地位。教师应被社会公认为师表，并应有必要的权威和相应的工作手段。
- 然而，终身教育直接导向学习社会的概念。这是一种提供各种各样的学习机会，使人既能在学校也能在经济、社会和文化生活中进行学习的社会。由此，就必须与家庭、经济界、各种协会及文化生活中的主角等多加商讨，加强合作。

- 因此，知识和技能更新这一迫切需要也与教师有关。他们的职业生活应该安排得使他们有能力，甚至有义务去提高他们的本领，以及能够从种种经济、社会和文化生活领域的经验中得到教益。一般是在多种形式的学习假、休假和年假里提供这类可能性。这些方式经适当变通后，应扩展到每一位教师。
- 即使从每一位教师都独自面对自己的特有责任和职业义务这个意义上看，教师职业基本上是一种孤立的活动，但是为了改进教育质量并使其更好地适应各个班级或各类学生的具体特点，集体工作仍是必不可少的，尤其是在中级阶段。
- 委员会强调了在不同国家的机构间交流教师和发展合作伙伴关系的重要性。这种交流与合作在教育质量方面，以及在向其他文化、其他文明和其他经验更加开放方面，提供了必不可少的附加价值。这一点已为当前开展的活动所证实。
- 所有这些方针应超越此种合作的纯行会性质，成为与教师组织对话的内容，甚至成为和教师组织订立合同的内容。事实上，工会组织在保护其成员的精神和物质利益之目标以外，已积累了一大笔经验财富，它们现在已准备好让决策者们从中受益。

第8章　教育的选择：政治当局的作用

目前，全世界都在要求教育系统不仅做得更多一些，还要做得更好一些。正如我们所看到的，教育系统在各方面的要求下，必须满足经济和社会发展的需要，这种需要对于最贫困的民众来说极端重要。教育系统还应满足文化和伦理方面的需要，这也是它们应负的责任。最后，它们还要应对技术的挑战，虽然这可能会产生各种危险，但技术是进入21世纪的主要手段之一。因此，每个人都对教育有所期待。家长、就业的或失业的成人、企业、集体、政府，当然还有儿童和中小学生或大学生，都对它抱有很大的希望。

但是，教育不可能包揽一切，它使人们产生的某些希望也必然会落空。因此，应该作出选择；这些选择可能是困难的，特别是在教育系统的公平合理和质量方面的选择可能更加困难。这些选择就是社会的选择。即使有一些根本原则是共同的，但这些选择仍可能因国家而异。然而，所作的选择在社会空间和时间方面应与所采纳的战略协调一致。委员会考虑的这些战略包括使用信息社会所提供的手段，以及改革和非集中化所创造的种种机会。但是，这些战略还要求对教育进行全面调整。这就是政治当局的作用，它应高瞻远瞩地阐明未来，使教育系统稳定并使其具有自身改革的能力，在确定优先事项的同时保证整体的协调，最后，就经济和财政的选择方案开展真正的全社会的大辩论。

教育选择就是社会选择

对教育的需求

教育系统不可能无止境地满足迅速增加的需求。它们要为所有人提供同等的受教育机会,要尊重兴趣和文化的多样性,又要满足各种各样的需求。考虑到财政上的困难,不得不以最佳方式来分配资金,以使数量与针对性、公正与质量相互平衡。由于缺少一种最佳的分配模式,资金的分配尤要明确体现与每个社会为其经济、社会和文化发展而作出的决断相符的集体选择。

在发展中国家,对教育的巨大需求往往伴随着严重的资金短缺。在这种情况下,要作出选择特别困难,有时会导致某些课程走进死胡同。相比之下,在比较发达的国家里,受到财政困难制约的情况比较少,政策选择也较少被看作是唐突的替代方案。这主要是权衡有关教育预算、教育改革或选择、指导青年人的方法的不同方案问题,也是对要求教育系统在就业供求不平衡问题上承担部分责任的批评作出反应的问题。

然而,在这两种情况下,这些需求的压力在很大程度上都落到政府当局方面,因而需要在组织方面进行选择,这种选择实际上又往往是社会-政治上的选择。决策者们确实面临着相互矛盾的利益:经济界要求具备的资格和技能越来越多;科学界需要经费开展研究工作,需要负责造就青年研究人员的高水平的高等教育;文化界和教育界需要资金以提高入学率和发展普通教育;最后是学生家长总是希望有更多高质量的教育,也就是说希望好教师的数量不断增加。既然无法满足所有的需求,这种窘境就特别的严重,因为这不是对个人利益通常进行的那种裁断:这种种需求反映了种种正当的期待,它们都与教育的基本使命相符。

评估和公开讨论

因此,教育选择涉及整个社会,需要不仅就教育经费而且就教育目的开展民主辩论。在辩论中特别应提及本报告努力概述的各项原则，而且知识的任何一个基本成分，即学会认知、学会做事、学会生存、学会共同生活，均不应顾此失彼。

这一辩论应以对教育系统的可靠评估为依据，其前提能为所有人所接受，而且不能是纯经济性的。虽然我们实际上可以谈论职业教育市场，因为它提供的一些服务可以根据成本效益来评估，但是对于各种教育活动，情况显然就不是这样了。有一些教育活动不属于经济范畴而与参与集体生活和个人的充分发展等有关。另外，教育系统是一个整体，它的各个部分之间的相互依赖性如此之大，与社会结合得如此密切，以致有时很难找出某种导致运转不良的原因。应从广义上来理解对教育的评估。它针对的不仅仅是教育所提供的服务和教学方法，还有经费筹措、管理、总方针和要实现的长期目标。它涉及受教育的权利、公正性、效率、质量、总的经费分配等概念，而且在很大程度上属于政府工作范围。它可包括地方一级的评估，如对学校的管理或教师质量的评估。

无论如何，应该建立一个公开的、客观公正的评价机构，以使舆论能够了解教育系统的状况和该系统对社会其他部门产生的影响，公共教育预算的多少在很大程度上可以说明国家在进一步增加预算之前要求结账是有道理的。这样，公开辩论，比如在议会甚至在传播媒介上的公开辩论，便可成为一场以客观的、切合实际的评估为依据的真正的社会大辩论。

最后，我们还应考虑到任何一项评估工作都具有教育意义。它使各个参与者更好地认识其行动。它可以宣传革新能力，方法是让人们了解取得成功的行动及其成功的条件。从深一层来看，评估结果还可激励人们重新考虑选择与经费的优先顺序和协调一致。

革新和非集中化提供的机会

吸收有关各方参与教育事业

看来，关于教育系统管理的集中或下放程度的辩论，对于教育系统的改进和改革战略的成功至关重要。

委员会与许多观察家一致认为，目前，人们对教育改革深表怀疑。在这方面什么都尝试了，或者说几乎什么都尝试了，但是，取得的结果极少达到人们期望的程度。不断进行的相互矛盾的改革尝试，似乎更加强化了许多国家教育系统的保守主义。

对此现象所作的解释纷繁不一[①]，但是都令人们对实行改革的方式提出异议。最常见的改革都是由中央政府各部决定的，既没有同各有关方面真正磋商，也没有对结果进行评估。相反，应努力使教育机构面向社会的需要，并在教育管理的内部机制中注入活力。

事实上，吸收社会各有关方面参与决策是改进教育系统的主要目标之一，也可能是一个重要手段。正是从这一观点出发，委员会强调在教育方面采取非集中化措施是重要的。这一观点不仅是技术性的，而且在很大程度上是政策性的。这个问题显然因各国的历史传统或行政结构不同而以不同方式表现出来，因此，人们不太可能宣扬某个理想模式。但是有一些人赞成将责任下放到地区或地方一级，这有助于提高决策的质量，增强个人和地方行政单位的责任感，以及更一般地说，鼓励革新和全民参与。遇到少数人群体的情况时，把这些过程下放，有助于更好地考虑文化或语言方面的愿望，并通过制订更切合实际的计划，改进所提供的教育的针对性。

但是应该创造条件，使地方一级的教师、家长与所有公众之间更好地合作。首要条件是中央政府要表现出应有的意愿，去开辟民主决策的场所。在这个场所里，地方社区、教师、家长-教师协会或非政府组织的期望都能受到重视。另一方面，组成教育系统的各个机构应真心实意地去适应当地的条件，对变革采取一种开放的态度。最后，学校自主是开展地方一级行动的一个必不可少的因素，因为通过共同决策，可以打破通常一些教师与另外一些教师隔绝的现象。在一些国家里，"学

---

① Juan Carlos Tedesco, *Current Trends in Educational Reform*, Paris, UNESCO, 1993. （UNESCO doc. EDC/1/1.）

校计划"这一概念清楚地表明了共同实现有助于改善学校生活和提高教学质量的目标的愿望。

促进学校拥有真正的自主权

学校自主有很多方面,首先表现在经费的管理上:学校一级应能决定大部分所拨经费的使用问题。在某些情况下,可以建立一些特别机构,如家长(或学生)和教师委员会,对学校管理或对教育计划的某些方面发表意见。更一般地说,应该在各所学校建立一些程序,明确说明有关各方的作用,促进教师、学校负责人与家长之间的合作,以及与整个地方社区的对话。协商和协调的做法本身就是学校管理和学校生活中的一个民主学习过程。另一方面,学校自主能大大促进革新。在过分集中化的系统里,革新仅限于一些作为基础的试点项目;一俟获得成功,这些项目就会导致产生具有广泛意义的措施。但是这些措施并不一定在所有情况下都能被恰当地应用:事实上,人们似乎都同意这种观点,即革新成功与否主要取决于当地的条件。因此,看来重要的是普及革新能力而不是革新本身。

因而,委员会赞成建立在学校自主和当地有关方面切实参与基础上的教育系统的广泛非集中化。它认为,终身教育的必要性以及利用非正规教育资金的学习社会的兴起,应会加强上述趋向。但是委员会意识到,教育组织和管理方式本身并不是目的,而是手段,其价值和效率在很大程度上取决于政治、经济、社会和文化背景。非集中化措施可以是民主进程的一部分,也可以是产生社会排斥现象的专断过程的一部分。许多事例,特别是拉丁美洲的例子表明,非集中化可能加剧各地区之间和各社会群体之间现已存在的不平等现象。因而,国家的作用要是削弱了,就不能采取补救措施了。总的来说,"国际经验证明,非集中化凡取得成功的,都是在中央政府得力的情况下进行的"[①]。由此

---

① Juan Carlos Tedesco, *Current Trends in Educational Reform*, Paris, UNESCO, 1993. (UNESCO doc. EDC/1/1.)

可断定，有必要进行全面调整，明确政府在这一调整中应起的作用。

对教育系统进行全面调整的必要性

不论教育系统的组织情况如何，其非集中化程度或多样化情况如何，国家都应对公民社会承担一定的责任，因为教育是一种集体财产，不能只由市场来调节。特别是在国家一级，要在教育问题上达成共识，确保总体的协调一致，并提出长远的看法。

政府的首要任务之一是使有关各方在教育的重要性和教育在社会中的作用上广泛达成共识。特别是在发展中国家，只有与所有政党、专业协会或其他协会、工会和企业不断进行对话，才能保证教育计划的稳定性和持久性。这一对话应在计划设计时就开始，并应贯穿其整个实施阶段，同时要提供计划评估和调整的机会。经验表明，在社会上达成协商一致对于任何改革进程都是必要的，而且它很少是自发达成的。因此，应该使其制度化，并能按照民主的程序表达出来。

还有必要对教育系统各个组成部分的相互依存关系有计划地进行管理，同时要牢记各级教育之间的有机联系。一个人从基础教育开始，然后依次享受其他水平或其他类别的教育。教育系统各部分本身也是相互依存的：中学向大学输送大学生，而大学向中学，而且常常向小学提供教师。因而，无论从数量还是质量上说，各级教育都是一个不可分割的整体，在调整学生人数、确定课程内容和评估方法时应考虑到这一点。正是考虑到这个整体的相互依存关系，才应使资金有限的选择方案最佳化。优先事项显然会因国家不同而有变化，但是重要的是不仅要注意保持教育系统的协调一致，而且还要注意考虑终身教育的新需求，确保教育与经济需要之间的联系。

总之，教育政策应是长期性的政策，这意味着在选择和实行改革方面要能保证连续性。因此，在教育领域，应该超越目光短浅的政策阶段或断断续续的改革，这种改革有可能在每次政府换届时引起争议。这种预测能力应建立在对教育系统状况的深入分析的基础上；准确的判断、展望性分析、有关社会和经济背景的情况、对世界教育趋势的了解、对成果的评估等。

这些主要说明国家作为整个集体的代表,在教育贯穿人的一生的、多元的和注重伙伴关系的社会中应当起到作用。这一作用主要涉及给教育打上烙印的社会选择,还涉及整个教育系统的调整和教育价值的提高。但是,绝不能把发挥这一作用作为一种垄断。确切地说,这一作用在于引导各种力量,提倡首创行动并为产生新的协同作用创造条件。它还涉及对教育的公正和质量的要求。从公正和尊重受教育权利这一角度看,至少应避免某些个人或某些社会群体享受教育的要求遭到拒绝;尤为重要的是,国家应能有重新分配的作用,特别是对少数人群体或处境不利群体应能起到这种作用。与此同时,保证教育质量就意味着要确立全面标准和各种检查手段。[1]

公共或私立的正规机构是教育系统的核心,显然,它们应根据长远的观点,协调一致地发展。因此,国家政策应在时空方面确保这种协调一致,也就是说应承担提出方针和进行调整这一双重职责。大、中、小学各级教育之间的协调以及扩大提供终身教育,对于避免运转不良特别关键。另外,在未来的社会里,动员正规机构以外的力量这种必要性,将根据以下两个相互补充的方针,赋予政府一种新的作用:一方面应确保教育系统的可见度和可理解性,从而保证整个系统的稳定性;另一方面应促进合作伙伴关系,鼓励教育革新,也就是说要解放新的力量来促进教育。在这种情况下,政治当局的极端重要性已经清楚无疑了:应在尊重共同价值观的情况下,引导与教育有关的所有方面为实现共同目标而努力。

---

[1] 关于国家在教育方面的作用的讨论,参见:Twelfth Conference of Commonwealth Education Ministers, Islamabad, Pakistan, 27 November to 1 December 1994, *The Changing Role of the State in Education: Policies and Partnerships*, London, Commonwealth Secretariat, 1994.

经济和财政方面的选择

财政困难的影响

这些集体性的目标意味着要在经济和财政方面作出选择,尽管各个主要的国家类别遇到的问题各有不同,要作出这种选择处处都很困难。发达国家面临着入学要求大量增加的局面,必须找到解决的办法。但是,它们的财政困难与发展中国家的财政困难是不可比的。发展中国家一方面因为人口增长和入学率低而面临越来越多的需求,另一方面现有的资源又很有限,因此在财政上陷入极端困难的境地。[①]

学生总数相当于世界1/4以上的人口,公共教育经费约占世界国民生产总值的5%。不过,我们注意到差距是很大的。这种差距反映了世界财富分配不均这一现实,但它也是因为发达国家(1992年占国民生产总值的5.3%)在财政上相对地比发展中国家(占国民生产总值的4.2%)作出了较大的努力而产生的。

表2　1980—1992年公共教育经费

	金额（10亿美元）				占国民生产总值的比例（%）			
	1980	1985	1990	1992	1980	1985	1990	1992
世界总计*	526.7	566.2	1 017.0	1 196.8	4.9	4.9	4.9	5.1
发展中国家	102.2	101.2	163.4	209.5	3.8	4.0	4.0	4.2
其中：								
撒哈拉以南非洲	15.8	11.3	15.2	16.0	5.1	4.8	5.3	5.7
阿拉伯国家	18.0	23.6	24.7	26.0	4.1	5.8	5.2	5.6
拉丁美洲/加勒比	34.2	28.9	47.1	56.8	3.9	4.0	4.1	4.4
东亚/大洋洲	16.0	20.1	31.8	41.4	2.8	3.2	3.0	3.1
其中：中国	7.6	7.7	9.1	9.8	2.5	2.6	2.3	2.0

---

① Serge Péano, *The Financing of Education Systems*, Paris, UNESCO, 1993. (UNESCO doc. EDC/1/2.)

续表

	金额（10亿美元）				占国民生产总值的比例（%）			
	1980	1985	1990	1992	1980	1985	1990	1992
南亚	12.8	14.7	35.8	60.4	4.1	3.3	3.9	4.4
其中：印度	4.8	7.1	11.9	10.0	2.8	3.4	4.0	3.7
最不发达国家	3.1	2.7	4.2	4.1	2.7	2.8	2.9	2.8
发达国家*	424.5	465.0	853.6	987.3	5.2	5.1	5.1	5.3
其中：								
北美洲	155.1	221.6	330.2	369.7	5.2	5.1	5.4	5.7
亚洲/大洋洲*	73.0	79.3	160.8	225.5	5.8	5.1	4.8	4.8
欧洲*	196.3	164.2	362.6	419.3	5.1	5.1	5.0	5.2

* 不包括原苏联国家。

资料来源：*World Education Report 1995*，p. 109，paris，UNESCO，1995.

尽管有人口出生率下降的假设，但是对 21 世纪初人口的预测还是预示出生人数会大量增加。世界银行的推测尤其表明，到 2025 年，低收入国家 5 岁以下儿童将是金字塔形男女年龄统计图中人数最多的年龄组。① 人口方面的这种发展趋势对教育系统接纳能力产生的影响，将因学校人数的增加而扩大：我们发现，除了发达国家的小学之外，各地学生人数的增加均超过人口增长速度。

在教育系统最薄弱的国家里，人口增长往往特别快。由于人口增长和入学率低，发展中国家必须作出巨大的努力。教科文组织所作的预测②预示学生人数将会继续增加。到 2000 年，全世界各级教育的学生总数将从目前的 10 亿多一点增至 11.5 亿左右，到 2025 年，增至 13 亿。在这一总数中，发达国家所占比例因预计出生率下降将继续减少。在发展中国家，这一增加最为明显，这主要是因为撒哈拉以南非洲、阿拉伯国

---

① Eduard Bos, My T. Vu, Ernest Massiah and Rodolfo A. Bulatao, *World Population Projections*, *1944-1995 Edition*: *Estimates and Projections with Related Demographic Statistics* (published for the World Bank), Baltimore/London, The Johns Hopkins University Press, 1994.

② *Trends and Projections of Enrolment by Level of Education*, *by Age and by Sex*, *1960-2025* (*As Assessed in 1993*), Paris, UNESCO, 1994. (Current Surveys and Research in Statistics Series, CSR-E-63, UNESCO doc. BPE-94/WS.1.)

家和南亚学生人数的增加。在发展中国家，学生人数的这种增加趋势在各级教育中都能看得到：小学（2000年为5.89亿人，而1992年为5.22亿人），中学（2000年为2.69亿人，而1992年为2.27亿人），大学（2000年为4 000万人，而1992年为3 200万人），概莫能外。

面对上述日益增加的需求，现在资源往往越来越少，在诸如撒哈拉以南非洲等若干地区，情况尤其如此。这是由经济活动速度放慢或外债负担沉重等多种因素造成的。此外，教育系统在公共经费使用问题上要与国家负责的其他领域竞争，而且越来越受总的预算紧缩措施和国家预算分配方面的政策选择的不利影响。委员会把教育置于社会发展的中心地位，并据此认为应首先增加用于教育部门的公共经费。当然，各方面情况有很大不同，而将发展中国家的情况与发达国家的情况进行全面比较就更是如此。在发达国家，人口压力较小，现有资源比较丰富，入学率已经较高。近些年来，工业化国家的国民生产总值用于公共教育经费的比例一直相对稳定。与这个相对稳定的局面并存的，是这些国家与发展中国家形成鲜明对照的人口变化趋势。1970—1990年，工业化国家15岁以下人口减少了6%，而发展中国家却增加了31%。但是，我们将会看到一些因素，如大众化教育（包括高等教育大众化）的出现，继续教育需求的增加，或者工作时间可能缩短，从而会有新的学习机会等，这些也都会有助于增加发达国家社会上对教育的需求。

鉴于经济发展水平之间的差异以及教育系统的情况因国家不同而有很大区别，委员会意识到在教育经费问题上不可能只有一种答案。因而，它将努力区别发展中国家和发达国家的不同情况，把工作限于提出一些一般性的方针上。

今后的方针

通过取消其他开支来增加公共教育经费，这应该被看作是所有国家，特别是发展中国家必须做的一件事，因为这是对未来至关重要的一项投资。大体上说，在国民生产总值用于教育的比例尚未达到6%的国家，教育经费无论如何不应低于这个百分比。其他可能性包括以下一点，即从人的发展角度出发，应考虑将一部分军事预算转移到教育事业上。事实上，教育的发展有助于与所有不安全因素作斗争：失业、社会排斥、国与国发展不均等、种族冲突或宗教冲突等。

图5 1992年成人人均公共教育经费（含各级）（单位：美元）

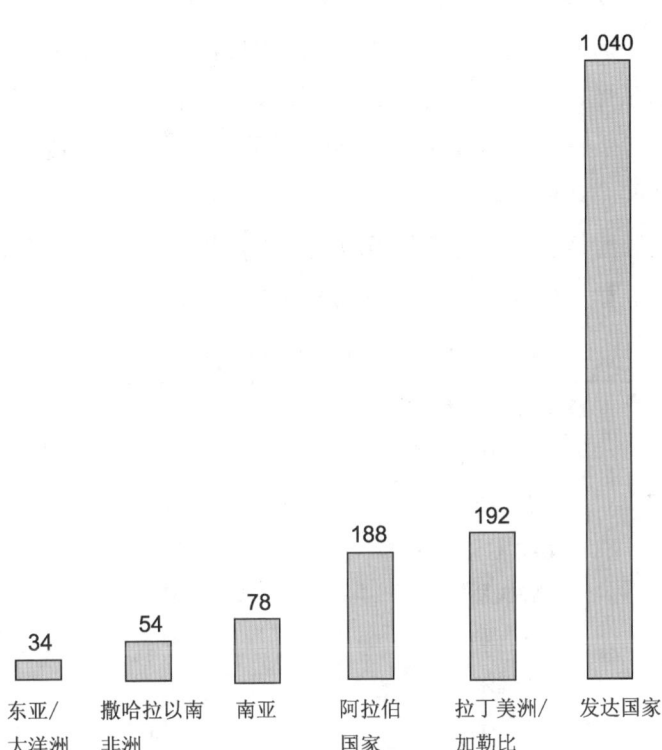

教科文组织统计处收集的数据。所有地区均符合教科文组织所用术语。原苏联各国，其中包括地处亚洲的国家，均归入发达国家一类。

但是，应该牢记教育不仅仅是一种社会开支，还是一种会产生长期效益的经济和政治投资。"教育系统的使命是对人进行公民权利和义务教育，保证知识和文化代代相传，以及发展人的能力。教育系统还应使人获得今后经济所需的技能。"[1]一个国家的发展特别取决于其就业

---

[1] Serge Péano, *The Financing of Education Systems*, Paris, UNESCO, 1993. (UNESCO doc. EDC/1/2.)

人口是否能够利用复杂的技术和表现出创造性及适应精神，而这些能力在很大程度上又取决于个人接受的启蒙教育水平。因此，教育投资是经济和社会长期发展的一个必不可少的条件，在危机时期应受到保护。

此外，委员会认为，为了减轻对国家财政预算的压力，从私人渠道筹集资金不仅是正当的，而且是可取的。对私人资金的使用必定因各国情况不同而异，而且这种使用不应影响国家承担的财政义务。在最贫穷的国家里，光使用私人资金不足以长期、稳妥地向教育系统提供经费，因此国家的这种财政义务仍然特别重要。私人提供经费的形式是多种多样的：家庭或学生分担学费（即使有限）；地方社区承担学校的部分建设和维修费用；企业分担职业培训费用；通过签订研究合同，使技术和职业学校或大学能够自筹部分资金。

表3　1991年一些国家各级教育*经费来源（%）

国家组和国家	公共经费	私人经费
OECD 国家		
德　国	72.9	27.1
澳大利亚	85.0	15.0
加拿大	90.1	9.9
丹　麦	99.4	0.6
西班牙	80.1	19.9
美　国	78.6	21.4
芬　兰	92.3	7.7
法　国	89.7	10.3
爱尔兰	93.4	6.6
日　本	73.9	26.1
荷　兰	98.0	2.0
中、低等收入国家		
海　地	20.0	80.0
匈牙利	93.1	6.9
印　度	89.0	11.0

		续表
印度尼西亚 [a]	62.8	37.2
肯尼亚 [b] (1992/1993)	62.2	37.8
乌干达 (1989/1990)	43.0	57.0
委内瑞拉 (1987)	73.0	27.0

* 大、中、小学正规教育（编者注）。
(a) 仅指公共教育。私人经费来源仅包括家庭。
(b) 仅指初等和中等教育。私人经费来源仅包括家庭。

资料来源：*Priorities and Strategies for Education*, p.54, Washington, D.C., The World Bank, 1995.

还可以考虑采用混合筹资的方法，即根据不同的教育水平采取不同的比例，把公共资金和私人资金结合在一起的方法，同时要保证提供免费的基础教育。委员会特别注意到世界银行对发展中国家提出的类似建议，此类建议把公共投资重点放在基础教育上（见以下专栏）。这一方针可构成有助于各国确定经费分配先后顺序的良好基础。不过，委员会还强调公共经费对高等教育的重要性：对私人资金的使用不应使发展中国家的高等教育的基础和存在受到威胁，这一级教育在发展中国家不仅是构成教育系统连贯性的重要成分，而且也是科技进步的一个重要因素。然而，由于公共经费保持稳定水平，征收学费所得的资金还可有助于提高大学的教育质量。

在公共投资中优先考虑基础教育

对新的教育公共投资进行更加有效、更加公平合理和更加长期的分配，非常有助于教育系统迎接今天面临的挑战。效率在于将公共经费投资到它们会产生最大效益的地方。一般来说，在教育方面，就是要投资到基础教育上。出于公平的考虑，政府应该注意使任何一个具有所需能力的学生，都不会因其无法支付学费而在教育方面被拒之门外。个人受益和社会收益之间的差距在高等教育中比在基础教育一级要大，因而有充分的理由认为，大学生及其家长愿意承担部分学习费用。政府还可以通过承担某些使资助机构在为高等教育贷款方面颇感为难的风险,来鼓励筹集私人资金。

政府可根据以下原则,将学费与在公共部门的有效投资结合起来:

● 实行免费基础教育,包括由当地社区承担部分费用,并向贫苦家庭的孩子提供补助金。

● 必要时,在高中阶段有选择地征收学费,并向一些学生提供助学金。

● 在公立高等教育中,普遍征收学费,同时采取贷款、免税和其他使贫困学生能够推迟到其开始挣钱时再交纳学费的措施;有选择地颁发助学金,使那些没钱的人能够克服不愿意为今后无法确定的收入欠债的心理。

● 保证所有儿童都有机会接受高质量的初等教育,在教育公共开支方面,各国应赋予这一级教育绝对优先权。

● 在所有儿童均有机会接受高质量的初等教育之后,应把扩大接受普通中等教育(先是初中,而后是各级中等教育)的机会作为第二位目标。

● 使各级学校的公共开支合理化。

另外,要想保持预算稳定,还需要对以后的公共开支经常进行预测,并作出不懈的努力,来制订筹资计划和建立筹资机制。

资料来源: *Priorities and Strategies for Education*, p. 10, Washington, D. C., The World Bank, 1995.

不过,委员会认为,不应把私人资金筹措作为一种临时性措施,因为此种做法有可能导致浪费、不协调或不平等。应由政府当局来对筹资合作伙伴加以组织,同时采取一些必要的纠正措施。首先应防止教育扩大社会的不平等现象,为此应为处境最不利的居民群体筹集大量资金,用于采取特殊措施来防止学业失败,或是为少数民族和偏远地区的居民提供高质量的教育等。因此,为了确保公正和保持社会的内聚力，公共经费看来是必要的。

总之，这涉及更好地管理现有资金，不要损害质量和公正性，要把这种管理作为一项长期任务。为此，应对各种提高教育内部效率的方法加以研究。例如，降低留级率和辍学率（非洲和拉丁美洲的学生留级率和辍学率特别高），减少应接收的学生总数，都会有助于提高教育经费的针对性和效率。据估计，像巴西这样的国家，留级的费用每年约达25亿美元；这笔钱可有益地用于发展学前教育，使儿童在更好的条件下为今后接受正规学校教育作好准备。将行政管理下放，并使学校有更大的自主权，这样做既能更好地适应地方上的需要，也可提高教育经费的效率。我们看到，上述两点还应成为总体调整的组成部分，以避免管理上出现不协调的情况。还可考虑采取一系列措施，提高发展中国家教育的成本效益，如延长学年时间，以低廉成本建造校舍或发展远程教育。但是，应该严格禁止在短期内提高效率从而对教育质量造成损害的任何企图。例如，当一个班的学生人数已经很多时，再增加其人数是不合理的。处境最困难的国家情况恰恰是这样。最后，不应忘记，任何旨在降低教师招聘水平或培训水平的措施都不利于教育质量，并会对未来造成严重的损害。

最后，委员会认为，终身教育的原则将促使各国，可能首先是发达国家（它们的财政困难小一些），从更广的角度重新研究教育筹资的方式，努力使机会均等的基本原则与在政府出资的义务教育之后个人学习途径多样化协调一致。一段时间从事职业活动，一段时间接受培训或教育，这样交替进行必须有多种筹资方式。以下做法都是合理的：一是要求企业为提高工人的技能而提供资金；二是要求个人分担费用，这种分担对于他们来说不仅是使自己有希望获得更高薪酬的个人投资，而且是使自己得到充分发展的手段。关于公共资金筹措，整个社会从教育发展中获得的集体好处已充分证明这种资金筹措是必要的。可以从这个角度来考虑高等教育的筹资问题：大众高等教育的发展证明有理由更广泛地征收学费，但补偿办法是向最贫困的学生有选择地发放助学金和设立贷款制度。

委员会还就一种比较大胆的解决办法进行了辩论。既然教育应当贯穿人的终生，可以考虑给每位即将开始学习的青年发放一种记有一定教育年限的教育时间信用证。有权享受的时间将记入他在银行的账户上，该银行负责以某种方式为每个人管理所选择的时间资本和相应的资金。每个人均可根据自己的学历和所作的选择使用这种资本。他可以保留部分资本，以便能在其离校后的成人生活过程中得到继续培训的机会。他也可以根据某种教育专项储蓄的方法，在其"选择时间银行"的账户上存款，以此方式增加其资本。从一些国家现有的条件和做法看，这种改革可能显得过于偏激或过于彻底，但是考虑到它的动机——同机会不均等现象作斗争，它的基本思想是可以以一种信用证的形式保留下来的；这种信用证只在义务教育阶段结束时提供，它可使青少年选择自己的道路，而不主动放弃自己的未来。

利用信息社会提供的手段

新技术对社会和教育的影响

委员会如不提及应给新的信息和传播技术何种地位，就不可能研究教育面临的主要社会选择。这个问题确实超出了只是将它们用于教学目的这一范围，它要求对在未来世界里如何获取知识的问题进行全面探讨。这里只能简单涉及这一探讨工作，不过委员会还是希望强调，这些新技术正在我们眼前引起一场真正的革命，这场革命既影响着与生产和工作有关的活动，又影响着与教育和培训有关的活动。

革新给整个 20 世纪留下了深刻的印记，不论是唱片、广播、电视、录音录像、信息技术，还是通过赫兹波、电缆或卫星传送电子信号，这些革新所具有的意义并不是纯技术性的，而主要是经济性的和社会性的。今天，这些技术系统中的大多数都已非常微型化，而且价格都很便宜，它们已进入工业化国家的大多数家庭，也为发展中国家越来越多的人所使用。① 这一切都使人们认为,由于计算机网络的发展,这些新技术的影响将很快波及全世界。

因此,今日的社会多多少少都成了信息社会。在这种社会中,一方面,技术的发展可以创造使知识和学问来源多样化的文化教育环境。另一方面,这些技术的特点是日益复杂,为人们所提供的可能性的范围越来越广。特别是,它们可以把很高的信息储存能力与几乎个人化的利用和广泛的传播结合起来。然而,这些可能性无论从理论上看有多么大,也都应在具体的社会和经济背景中加以考虑:委员会充分意识到,工业化国家与发展中国家在投资能力、研究和设计力量、贸易出口和利润率方面的差异是很明显的。另外,发展中国家在教育方面也有不同的优先事项,因为它们的入学率较低,基础设施也不发达。因此,将技术用于教育方面的优先事项本身也不相同:"在发展中世界,人们最关心的是扩大范围和实现规模经济的机会,而不是个人的利用和交互能力;而在工业化国家情况则相反,这是因为传播和利用基本上已有保证,可以更多地对个人化问题加以考虑。"②

因而,发展中国家实施的大多数项目的主要目的是能联系广大公众或是通常无法接触到的公众(如印度利用卫星将信息传到偏僻村庄,20世纪80年代泰国建立的教育广播网,中国实行的国家远程教育计划)。在发达国家,目的主要是利用视听传播媒介作为授课的手段,或是接触少数人的或处境不利的特殊群体的手段。

在这方面,我们都记得,在教学上使用信息和传播技术并不是什么新鲜事儿,例如,教育广播在第一次世界大战前就出现了。但是,随着时间的推移而发生变化的不仅仅是所使用的技术的种类及其复杂程度,而且也是一种愿望,就是要在正规教育系统之外,接触到从学前儿童到所有成人各年龄段的、范围愈来愈广的公众。已经进行了很多试验,从怀疑阶段进入了乐观阶段。但是,由于使用的方法多种多样,今

---

① 关于这个问题,请参见:Alan Hancock, *Contemporary Information and Communication Technologies and Education*, Paris, UNESCO, 1993. (UNESCO doc. EDC/1/3.)

② 同①。

天似乎很难对已经完成的工作进行全面总结。不过,对一些试验性计划(如科特迪瓦的教学电视或印度卫星教学试验项目)的深入评估表明,只靠技术是无法奇迹般地解决教育系统面临的困难的。尤其应把技术与传统的教育形式结合起来加以使用,而不应将其看作是一种取代传统形式的独立的手段。

印度国立开放学校

国立开放学校(NOS)是学校一级的试办性开放教育机构。它于1989年为印度政府所创建,在普及基础教育的过程中,在增进公正和社会正义以及建立学习型社会方面都在发挥着关键性作用。

国立开放学校设有小学、初中、高中、职业教育和丰富日常生活的课程。学生们可自由选择课程,还可经常选择普通教育与职业培训相结合的课程。授课语言是英语和多种地方语言。

学校面向14岁以上各年龄段的人。在妇女中取得了很大的成绩,因为学生总人数中的38%为妇女。总的来说,50%以上的学生属于处于社会边缘的群体,其中包括妇女。

教学工作在使用各种传播媒介的同时,特别强调以课文为基础的授课技术的质量,但是并不怕使用比较先进的技术,如教学电视节目和录音录像节目,它们可丰富课程内容,对教师与学生的面对面接触是个补充。其单位成本比传统学校每个学生的费用低1/4。通过利用现有的学校网络,国立开放学校使学生受益于这一基础设施,同时又把传统学校通常接触不到的那些手段提供给学生使用。

一场与未来极为有关的辩论

考虑到已积累的丰富经验,委员会希望提出一些问题,今后国际社会在将新技术用于教育方面可以就这些问题进行探讨并作出努力。

在远距离教育中使用这些技术已是非常普遍的事,它对世界所有国家无疑都是一种最有前途的手段。实际上,教育界在这方面可以依靠20世纪70年代初英国建立"开放大学"以来国际上取得的可靠经验。远程教育利用的媒介多种多样:函授、广播、电视、视听材料、电话授课或电视讲座。传播媒介和教育技术在不同的远程教育系统内的地位有很大差异,而且是可以与各国的情况和基础设施相适应的,例如,发展中国家普遍比较喜欢使用广播而不是电视。

最新技术虽然还不一定是这一过程的组成部分,但是它们可以带来很大的改进,尤其是在学习的个人化方面。此外,还可以考虑进一步将远程教育和必将得到发展的其他种类的远程活动(如"远程工作")集中到一起。对于从事远程学习和远程工作的人来说,由于技术集中,有可能使教育、工作,甚至闲暇活动之间的界线变得模糊不清,因为利用一个渠道可以开展各种各样的活动。

这一切还使人们认为,新技术应依据各国自身的条件,在成人教育中发挥重大作用,而且它还应成为终身教育的手段之一,委员会为明确这种教育的轮廓作出了努力。新技术已被成功地用于企业内的在职培训活动,它们是存在于整个社会之中的这一教育潜力的一个主要组成部分,从21世纪的前景出发调动这一潜力是很重要的。

最后,委员会希望在关于教育系统采用新的信息和传播技术的辩论中明确表态:这是一个有决定性作用的利害攸关的问题,而且十分重要的是学校和大学应该处于影响着整个社会的深刻变革的中心地位。毫无疑问,个人获取信息和处理信息的能力对于自己进入职业界和融入社会及文化环境都将是个决定性的因素。因此,特别是为了避免社会不平等现象加剧,教育系统应能培养所有学生驾驭和掌握这些技术。今后,应由以下两个目标来指导这方面的活动:确保知识的进一步传播,扩大机会均等。

与此同时,新技术作为青少年教育的工具,提供了在保证必要质量的情况下满足日益增多和日益多样化的要求的前所未有的机会。新技术提供的机会,以及它们在教学方面具有的优势,都是很多的。特别是对计算机和多媒体系统的使用有助于设计个人化的学习道路,每个学生在个人的学习道路上可以按照自己的速度发展。这种使用也使教师有可能更容易地组织水平不一的班级的学习。光盘技术似乎特别有前途,因为它有助于管理数量巨大的信息,而且集声、像、文于一体,又不要求事先掌握信息技术方面的知识。人机对话使学生能够提出问题,自己寻找信息,或深入研究课堂上处理过的某些科目的内容。使用新技术有时是防止学业失败的一种手段:人们已在一些试点中发现,那些按照传统方法学习有困难的学生开始使用这些技术时,他们就有了较高的积极性,从而能更好地表现出自己的才能。

面向学习的社会

教学是一门艺术,任何东西都无法取代丰富多彩的教学对话。然而,传播媒介的革命为教学工作开辟了未经勘探的道路。计算机技术大大增加了寻找信息的可能性,交互设备和多媒体向学生提供了一个取之不尽的信息宝库:

- 各种规模和各种复杂程度的计算机;
- 电缆或卫星电视教育节目;
- 多媒体设备;
- 交互式信息交流系统,包括电子邮件及在线图书馆和公共数据库;
- 电子模拟器;
- 三维虚拟现实系统。

教师和学生被这些新的工具武装起来之后,就成了研究人员。教师教学生评估和有效利用他们所收集的信息。这种方法比传统的传授知识的方法更加接近实际生活。一种新的伙伴关系正在课堂里出现。

资料来源:ERT Education Policy Group, *Education for Europeans*:*Towards the Learning Society*, p.27, Brussels, The European Round Table of Industrialists(ERT),1994.

第8章 教育的选择：政治当局的作用

因此，考虑到上述各种好处，委员会认为，在教育中使用新技术的问题，是个财政、社会和政治选择的问题，应该成为各国政府和各国际组织关心的重点。目前，发展中国家因其技术能力较低和财源有限而处于不利地位，因此应竭尽所能来避免扩大与富国之间的差距：加强基础设施和提高能力，以及在整个社会普及这些技术，均应被视为优先事项，并应得到相关的国际援助。建立与学校联网的试验中心可能是一种比较廉价的广泛传播信息和知识的手段。在很多情况下，似乎可以考虑采取某种技术"捷径"：发展中国家没有必要依次经过发达国家已经历的各个阶段；从一开始就选用最先进的技术，这对它们往往是有好处的。因此，在发展中国家制定传播新技术的政策是对教育的一种挑战，并需要企业、政府与国际组织之间密切协作。但是，委员会想强调指出：发展这些技术根本不是要损害书面的东西，而是要恢复它的一个主要作用；虽说书籍不再是唯一的教学工具，但它在教学中仍保留着中心地位——它解释教师讲的课，同时又能使学生复习所学的知识和获得独立自主能力。它仍是最便于使用和最经济实惠的载体。

在这方面，有一个十分重要的问题值得一提，即发展新技术丝毫不会削弱教师的作用，实际情况恰恰相反。但是，新技术的发展大大改变了教师的作用，也为他们提供了一个机会，他们应当抓住这个机会（参见第7章）。确实，在信息社会里，教师不可能再像过去那样，被看作是某种知识的唯一拥有者，只需传授这一知识即可。从某种意义上说，他成了集体知识的合作伙伴，他应果断地站在变革的前沿，对这种知识加以组织。因此，对教师进行入门培训，进而进行继续培训，使他们能够真正掌握这些新的手段是必不可少的。实际上，经验已经表明，最好的技术如果没有与使用这种技术相适应的教学，它在教育环境中就毫无用处。因而，应该确定使这些技术能够成为真正工具的教学内容，这就意味着教师同意对其教学实践重新加以考虑。另外，还应向教师们宣传这些新技术给认识过程带来的深刻变化。对他们来说，所面对的已不再只是教学生学习的问题了，还要教学生寻找信息，使这些信息相互联系起来，并且以批判的精神对待这些信息。鉴于目前在各种网络上流通的信息量极大,善于在知识的海洋中航行已成为实际获得知识的一个先决条件,它像某些人认为的那样,需要开展新形式的扫盲。为了能够真正理解现实,这种"计算机扫盲"越来越有必要。因此,它是人们获得独立的特殊手段,可使每个人作为一个自由而有知识的人在社会中发挥作用。

事实上,委员会深信在此问题上同在其他许多问题上一样,选择某种类型的教育,等于选择某种社会。它坚信,应本着对每位公民更加负责的精神进行教育选择,与此同时要维护机会均等的基本原则。因此,它主张采取的种种措施并不是纯技术性的,而在很大程度上是政治性的:成功的非集中化必然吸收社会各有关人员和部门参与决策过程,解放革新能力,但对全面调整的必要性并不造成影响。建立在合作伙伴关系原则基础上的多样化的筹资需要作出安排,使接受教育的途径多样化。重视新的传播和信息技术对社会和教育产生的影响会促使人们更好地掌握知识。终身教育有助于为教育的这一社会方面指出方向。它意味着要建立高质量的、每个人(不论其地理、物质、社会或文化状况如何)都能上的全民基础学校。它使所有的人都有可能在结束基础教育阶段之后抓住新的机会。它还要求鼓励各种各样的才能,开设多种科目,并为此动员社会积累的所有资源。

提示和建议

- 教育的选择就是社会的选择:它要求各国在对教育系统进行明确评估的基础上,开展广泛的公开辩论。委员会请各国政治当局促进此类辩论的开展,最后通过民主方式达成一致意见,这是教育改革战略取得成功的最佳途径。
- 委员会主张采取措施吸收社会上各有关个人和机构参与教育决策;它认为,行政管理下放和学校拥有自主权在大多数情况下均能促进革新的发展和推广。

- 委员会正是从这一角度出发希望重申政治当局的作用：它有义务明确提出各种选择方案，并通过必要的更新对教育系统进行全面调整。事实上，教育是一种集体财产，不可能光靠市场力量来调整。
- 委员会并不因此而低估财政拮据产生的影响，并主张建立公私合作伙伴关系。对于发展中国家来说，政府为基础教育提供经费仍是优先事项，但是所作的选择既不应影响整个教育系统的协调一致，也不应导致牺牲其他各级教育。
- 另外，还有必要根据教育应贯穿人的终生这一原则对筹资的结构重新加以研究。本着这一精神，委员会认为，对于本报告粗略提出的关于教育时间信用证的建议，应展开辩论和深入研究。
- 信息和传播新技术的发展，应促使人们对在未来世界中获取知识的问题进行全面思考。委员会建议：
    - 通过使用新技术使远程教育多样化并得到改进；
    - 在成人教育特别是教师的在职培训方面，扩大这些技术的使用；
    - 加强发展中国家在这方面的基础设施和能力，以及在整个社会推广这些技术——不管怎样，这是在正规教育系统内利用这些技术的先决条件；
    - 在教科文组织赞助下，发起新技术传播计划。

第9章 国际合作：地球村的教育问题

正如我们在本报告前几章所指出的那样，标志着我们时代特点的人类活动国际化，突出了国际社会面临的各种问题的规模、迫切性和相互关联性。人口的迅速增长，自然资源的浪费和环境的恶化，世界多数人的长期贫困，以及千百万人依然忍受的压迫、不公正待遇和暴力行为，均要求开展大规模的矫正行动。只有注入了新思想和强化了手段的国际合作，才有助于这些行动的实施。不可逆转的国际化问题需要全面的解决办法，而建设一个更加美好的（或不比现在坏的）世界比任何时候都更成为所有人的事情。

教育无疑是这些解决办法中最为重要的一种。因此，必须把教育合作纳入国际社会为下述目的而应作出努力的更加广泛的范围内：促使人们了解国际社会必须解决的所有问题，以及就需要协同行动的问题寻求协商一致。这样的行动必须以下述众多伙伴的协作为前提：国际和政府间组织、各国政府、非政府组织、企业界和商业界、专业组织和工会组织，以及在与我们直接有关的领域——教育系统——的积极参与者和知识界。

在这方面，由联合国主持召开的一系列世界性的重要会议①和新近

---

① 负责审查和评估"联合国妇女十年：平等、发展与和平"之结果的世界会议（内罗毕，肯尼亚，1985年7月）；世界全民教育会议——满足基本学习需要（宗滴恩，泰国，1990年3月5—9日）；联合国环境与发展会议（CNUED）（里约热内卢，巴西，1992年6月）；国际人口与发展会议（开罗，埃及，1994年9月5—13日）；社会发展问题世界首脑会议（哥本哈根，丹麦，1995年3月6—12日）；第四次世界妇女大会：以行动谋求平等、发展与和平（北京，中国，1995年9月4—15日）。

成立的世界贸易组织，为国家之间相互依存所需开展的集体行动打下了基础。这些会议，它们的后续活动以及与此有关的一些具体项目的实施，确定了可被称为20世纪末国际合作"大工地"的工作的基本框架和重要领域。这些会议是真正世界主义方法的里程碑，它们表达了国际舞台上的许多活动家试图通过合作，将问题的国际化变成一种积极力量的愿望。同样，诸如勃兰特委员会、布伦特兰委员会、全球管理委员会等国际委员会的工作，也证明了这种趋势的力度。

越来越借助于国际行动寻求对世界性问题的集体解决办法，还表现在以下方面，即最近几年联合国为确保世界各地区的和平与安全而进行的干预明显增加。例如，联合国（通过开展预防外交和维持和平行动）介入冲突的次数从1987年的11次增加到1991年的53次和1994年的78次。诚然，在这方面和其他方面所取得的成果有时是令人失望的；因此，在联合国刚刚庆祝其成立50周年之际，人们不能不就联合国系统及其行动方式必须进行的改革的性质提出问题，如果希望提高其干预行动的效率的话。但是，总趋势已经分明，它预示着21世纪会出现一个真正世界性的社会，应当对此寄予希望。

教科文组织的职权范围涉及一些至关重要的领域，因此它显然应同其他国际组织一道承担重大的责任。尤其是按该组织总干事的说法[①]，在教育在国家和人的发展中的关键作用"已得到普遍承认和宣传"的历史时刻，教科文组织参与国际社会为缔造未来而开展的许多项目是合乎逻辑的。因此，我们委员会的若干建议也都是在联合国各项世界会议的工作基础上提出来的。

妇女与女青少年：争取平等的教育

委员会愿意强调1995年9月在北京召开的第四次世界妇女大会所通过的《宣言》的意义。这次大会分析了对女青少年和妇女的歧视，尤

---

① 教科文组织总干事在联合国大会第二十八届会议开幕式上的讲话，1995年10月25日。

其是在教育和培训方面的歧视可能具有的种种形式，并为国际社会规定了若干基本目标：确保妇女接受教育的平等权利，扫除妇女中的文盲，增加妇女接受职业培训、科技教育和继续教育的机会。

委员会同意上述种种建议。总的说来，它认为，妇女在世界多数地区仍旧是男子的牺牲品，其表现形式因传统和环境不同而异。有的是大规模的，有的则比较隐蔽。这种对男女平等的否认涉及面广，性质严重，因此它在20世纪末依然是对人权的一种侵犯。委员会赞同最近几年许多机构就此发表的庄严声明，深信国际社会有责任竭尽全力消除这些不平等现象，确保女青年和妇女能够接受可使其尽快弥补同男子的差距的教育，以便在工作中、在社会上、在政治方面为她们开展活动和执政开辟至今仍被堵塞的道路。这不仅仅是一种伦理要求。许多论著均强调了一个重要的社会现实：在全世界，妇女已成为第一线的经济参与者，即使所用指标往往倾向于贬低或掩盖她们对发展的真正贡献（参见第3章）也改变不了这一现实。从这一观点来看，对妇女和女青少年进行教育是对未来的最好投资方式之一。不管是为了改善家庭的健康状况，还是为了提高儿童入学率或改善社区生活，各个社会只有通过教育母亲和普遍提高妇女的地位，才最有可能看到自己的努力达到目标。我们这个过于专一地被男子统治的世界应从妇女解放中学习许多东西，也期待着许多东西。

教育与社会发展

委员会还对1995年3月在哥本哈根举行的社会发展问题世界首脑会议的进展情况和建议给予了特别关注。这次会议讨论了贫困、失业和社会排斥等问题，强调了教育政策可能作出的贡献。

这次首脑会议制定的方针值得一提，因为它们阐明了教育政策的社会内涵。与会各国均保证促进普遍和公正地享受高质量的教育，使所有的人都达到身心健康的最高标准，并得到最基本的医疗。它们表示，在这方面，将特别注意纠正社会地位的不平等现象，对待种族、国籍、性别、年龄不同的人或有生理缺陷的人将毫无区别。它们还保证尊重和提倡它们共有的和各自特有的文化，加强文化在发展过程中的作用，维护以人为中心的持久发展的重要基础，并为充分利用人力资源和社会发展作出贡献。目的应是消除贫穷、促进充分就业和生产性就业以及促进社会一体化。[①]

当然，本委员会赞同这些结论，因为它们与委员会对教育目的和教育包括的领域的看法是一致的。因此，委员会更感到有理由为建立在团结与伙伴关系基础上的国际合作进行辩护。即使不应过分强调数量目标，委员还是认为，考虑到教育对社会发展的特殊贡献，应将比例很大的一部分发展援助款项用于教育。这一比例可根据各个国际组织的行动，被确定为援助总额的1/4，而这一援助总额还应当增加。国际资助机构，首先是世界银行也应同意有利于教育的类似变动。

委员会希望经常贯彻哥本哈根首脑会议的精神能有助于提高公众的认识、激励首创精神、开展合作、评估所取得的成果。

开展有利于教育的债务转换工作

教育是一种长期的经济、社会和人力投资，它在调整计划中经常成为牺牲品，而学校教育的发展则要求国家增加这方面的预算。因此，应努力补偿调整政策和减少内外赤字政策对公共教育开支的不利影响。委员会认为，在这方面，将债务转换为教育行动的最新试验大有前途。由一个开发机构（一般是一个非政府国际组织）向商业银行或其他债主贴现（用硬通货）购买的某一国家的外债，被债务国通过其中央银行用当地货币部分买回，这笔当地货币款项专门用于资助（有时是较长期的资助）一些特定的教育计划。这些债务转换协议是很难商订的，而且并不是对所有的情况都适用。然而，在某些国库背着沉重的需

[①] *Report of the World Summit for Social Development* (Copenhagen, 6–12 March 1995), New York, United Nations, 1995. (UN doc. A/CONE.166/9.)

偿还的债务负担的国家，商订此类协议的外部机构可以协助增加教育经费。在国民生产总值用于教育的百分比下降和入学人数减少的许多负债最多的国家，为将部分国民收入用于教育，减轻债务是必不可少的。但是，光靠减轻债务并不总能导致社会开支的增加；不过，债务转换这一做法在这方面可为外部出资者提供某种压力手段。它还有助于解决用硬通货资助用当地货币所作的开支或承担经常性费用给发展援助机构带来的种种问题。委员会指出，一些政府和官方多边信贷机构持有大部分债券，上述政府和信贷机构应该研究它们自己也加入这些转换协议的可能性。

争取设立教科文组织新信息技术观察所

委员会在全力调查妨碍教育进步的财政困难或其他障碍以及教育可能经由的新途径时，特别重视正在迅速发生变革的各个领域。在第2章和第8章分析较多的领域之一是新信息技术领域。这些新的信息技术在改变工作关系以及在真实的世界之外又建起一个其前途和危险还很难估计的虚拟世界的同时，已改变了引进它们的各个社会。它们还可以（许多人现在都这样认为）为教育系统作出越来越大的贡献。因此，务必使它们在所有国家得到推广，以避免在富国和穷国之间出现有可能使恢复平衡的尝试受挫的新鸿沟。因为信息社会的到来是未来生活中的重要事实之一，故此，委员会建议教科文组织设立一个观察所，负责从21世纪的角度出发澄清和评价同一个问题的两个方面：这些新技术对社会发展以及对教育过程本身的可预见的影响。我们认为，这样一个项目与赋予教科文组织的国际社会智力"领导"的职能十分一致，而且无疑可以进一步照亮现代世界大步前进，但又无标记可寻的未来之路。从知识、政治和社会角度控制这些技术是21世纪的重大挑战之一。

委员会还认为，教科文组织在教育软件方面应作为信息交流中心发挥决定性的作用。两个重要方针可具体指导其行动：颁发有助于辨认高质量的教育材料的标签；鼓励生产尊重各民族文化特性的软件。为此，教科文组织应主动与软件发行人和计算机企业对话，以设立和颁发用于每年奖励这方面的最佳行动的奖金。

从提供援助到建立伙伴关系

我们今天正在目睹国际援助的概念和作用的变化。我们正处在这样一个转折点上，即援助和合作的传统形式受到了质疑，将"提供援助"变为"建立伙伴关系"已开始成为必要。无论是接受援助的国家还是提供援助的国家，都在寻求真正建立在交流和互利基础上合作的新形式。在大多数有待解决的问题不受地方因素的约束而跨越地方界限和地区界限的情况下，合作便成为政治和实践方面的迫切需要。

在这方面怎样才能奏效呢？两个有关国家组对这个问题的看法可能十分不一致。受益国越来越要求被当作平等伙伴对待。它们认为，过于依赖其他国家的经验、受外国模式的约束，在经济和文化方面往往会受到难以接受的限制。

而经济发达的国家（以及在这些国家中致力于鼓励资金和技术援助转让的各种机构）则十分清楚，没有现成的解决办法。不可否认的是，在过去，除了知识资本和物质援助外，传到发展中世界的往往还有发达国家的偏见、旧框框和谬误。在许多发达国家，经济危机和就业危机均表明教育与就业或者教育与社会内在团结之间关系的复杂性。因此．捐助国目前更加倾向于从自己国家的探索中吸取教训，同时考虑以往国际合作的成功和失败。

委员会在工作期间理出了一些可以指导今后为更新发展战略而进行思考的共同专题。为了开展国际合作和制定国家政策，看来尤为必要的是从整体上对教育系统进行全面考虑，并把改革设想为一个民主过程。这一过程含有磋商，并与其本身也尊重民主实践、人权与一般权利的社会政策密切联系在一起。还必须想方设法使国际合作更为有效地转向反贫困斗争：在教育领域，必须协同努力，使那些至今仍被排斥在外的人享有受教育的机会。

不管短期改革多么紧迫，也必须用部分精力和可动用的资金培养穷国的长期研究和改革能力。培养这种能力特别需要收集和分析适合于进行国际比较的教育系统的情况。最后，应当鼓励人员和知识的自由流通，以求弥补发达国家和世界其余国家之间在这方面存在的差距。

多边合作：东加勒比国家组织

东加勒比国家组织（OECS）由8个国家和地区（安提瓜和巴布达、多米尼加、格林纳达、英属维尔京群岛、蒙特塞拉特、圣卢西亚、圣基茨和尼维斯、圣文森特和格林纳丁斯）组成，总人口约55万人。

虽然这些国家的多数儿童至少上7年学，而且相应年龄组中有近一半的人接受中等教育，但是这种教育的质量却令人十分担忧。在中学毕业后直接从事教师职业的7 500名教师中，半数以上未接受过任何培训。由于这些国家的人口稀少，高等教育系统建立得很晚，目前仅有4 000名大学生。

自1990年起，东加勒比国家组织成员国决定共同制定一项旨在建立一个庞大的人力资源开发系统的地区教育改革战略。它们在下述几个重要方面开展协作：教学计划拟订和教师进修，学生评价，技术和职业教育及培训的改革，成人教育和继续教育，远程教育，部门资源管理和改革进程管理。不断分析教育政策为制定共同的教育法奠定了基础，以协调东加勒比国家组织各成员国教育系统的法律依据。共同收集和评估数据将有助于监控教育的各个方面。

东加勒比国家组织秘书处与出资者和技术机构进行了谈判，以确保与它们以及它们之间在支持援助该地区教育改革战略项目方面进行充分的合作。

对现有的地区和国际机构进行观察，有助于吸取某些教训和辨别持久的交流必不可少的条件。欧洲联盟把主要精力放在所有参与合作的国家都关心的一些关键领域，因此它成功地促进了在一整套革新计划中开展的智力合作。它鼓励在大、中、小学之间进行交流，促进外语教学，提倡机会均等（在苏格拉底欧洲合作计划范围内，该计划尤其包括欧洲共同体大学生流动行动计划、夸美纽斯计划和欧洲共同体促进外语培训计划），并协助设立研究和统计工作共同基金（欧洲联盟教育信息网）。国家之间进行这种协作的目的是使它们集体利用各国各级教育的长处，弥补各国的不足。它可使青年尤其是大学生从联盟各成员国的教育中受益。因此，它有助于各国人民之间的进一步相互了解。

伊拉斯谟计划：欧洲共同体大学生流动行动计划

欧洲共同体于1987年发起的伊拉斯谟计划，是为促进大学生的流动和其他大学间合作活动（教师流动，拟订新的共同课程计划，强化培训计划）而在欧洲范围内设计和实施的第一项计划。自1995年起，该计划被并入欧洲联盟的新计划——苏格拉底计划中，后者包括各类和各级教育，并强调"欧洲全民教育"的概念。

伊拉斯谟计划取得了不容置疑的成绩，下列数字证明了这一点：1987—1995年，约40万名大学生有机会在欧洲共同体的另一所学校里完成了一个被承认的学习阶段。5万名教师有机会到另一所大学授课；1 800所学校参加了欧洲合作活动，这一数字几乎包括了所有的大学，还包括大学以外的许多高等院校。

伊拉斯谟计划是围绕两个主要行动安排的：为各大学开展全欧洲范围的活动提供资助；鼓励大学生流动并为此提供奖学金。例如，在新的"教育事业合同"范围内，为各大学提供资助，以促进大学生的流动和拟订不同成员国大学之间的共同课程计划。一系列的规定均有助于在学术上对在外国学习的各个阶段的承认。伊拉斯谟计划奖学金为赴另一个成员国完成一个学习阶段的大学生直接提供资助。（3—12个月的）奖学金用于支付与国外学习有关的流动费用，如语言准备、旅费、生活费用差额等。

资料来源: European Commission and Education Information Network in the European Community.

与此同时，一些国家集团（包括英联邦和法语国家）利用一段共同经历的若干组成部分，尤其是语言，建立了一些使发展中国家受益的交流和援助网络。许多地区和分地区组织作为将一些国家的共同利益结合起来的合作的参与者，正在发挥更大的作用。通过建立伙伴关系、高级研究中心或共同计划，为小国的利益而开展比孤立的行动更为有效的协同行动显然是可能的。而工业化国家也可从伙伴关系中得到很大的好处。

科学工作者、研究与国际交流

科学研究在增强国家潜力方面的重要作用已无须再予以证明。目前的趋势是，研究计划多半是由富国确定的，是以它们关注的问题为中心的，这不是培养伙伴精神的最好方法。但是，我们目前也注意到一些好的迹象：内源性研究的开展（在自然科学和社会科学领域），尤其是"南南"网络的建立。此类网络的效率在很大程度上取决于教师、大学生和研究人员的流动情况。应当尽可能促进这种流动，就教科文组织而言，尤其应通过设置适当的准则促进这种流动。

在富国，研究同一学科的科学工作者之间的合作已超越了国界，它是促使思想、态度和活动国际化的一种强有力的手段。欧洲联盟建立或加强的网络，在欧洲范围内发挥的是某些领域的研究实验室的作用，在科学和文化方面不断产生影响。至于说世界上最为贫穷的地区，由于资历很深的科学工作者外流到各大中心去寻找研究工作，它们的人力资源不断遭到破坏。不过已有一线希望，因为我们已开始看到，只要有机会（尽管这种机会很少），一些毕业生和研究人员便返回其原籍国。

虽然不能否认富国正在作出越来越多的努力来弥补世界其余地区知识的不足，但是还必须不断加强旨在帮助穷国提高其自身研究能力的措施。最有效的措施之一是为建立一些高级研究中心（参见第3章）提高帮助；这些中心可使资金不足的国家协同努力，超过最低效率的界限；如不超过这一界限，那么在研究、高等教育或诸如远程教学技术等花费昂贵的技术方面的任何行动都不是真正可行的。

教科文组织的新使命

由于教科文组织在联合国系统中拥有的权限及其在国际合作机制中实际占有的地位，它成为一个对于未来至关重要的组织。半个世纪前，在后果惨重的世界大战结束后不久规定的教科文组织的使命，至今依然是最为现实的使命，但是，世界的变革迫使该组织必须同世界一起发生变化。

教科文组织既不是资助机构，也不是单纯的研究机构。它的任务始终是同该组织各会员国及其国际舞台上的许多伙伴和对话者合作开发人的潜力。它不断促进的智力合作是各国人民之间和个人之间和睦友好与相互了解的工具，是行动的必要手段。该组织在其主管领域内鼓励开展的所有工作——知识转让和分享、思想交流、高层协商、建立革新网、传播信息和成功的经验、评价和研究工作等，比任何时候都更加显得是为了建立一个更加团结和更加和平的世界而必须开展的活动。重要的是该组织行动的上述各个方面必须不断向前发展。

教科文组织的独特之处在于它有广泛的主管领域——不仅有教育，还有文化、研究与科学的交流，这使其成为一个广义的智力组织，它不大像其他组织那样局限于用纯经济观点看问题。它有多种能力，因此能够适应许多现象相互依存的当今世界的复杂性。作为法人机构、国际准则的制定者，它既关注人的发展，也关注纯物质进步。所有这些特点均使它预先便倾向于在教育方面的好几个战线上采取行动：帮助各会员国建立和革新教育系统，充分利用科技革命，还要把地球上所有居民受教育的权利变为现实，并到处倡导和平思想以及公正和宽容的精神。

委员会希望教科文组织会员国能使该组织拥有很好完成这一复杂任务的必要手段。这首先意味着，它今后应能扩大和加强一系列建立在自己的经验和革新思想基础上的行动，尤其通过国家之间的联合与合作，鼓励各国教育系统的发展。委员会也力促教科文组织通过其计划倡导本报告提出的终身教育的概念，以使其逐渐成为当今世界教育的现实。

此外，教科文组织可以通过教育，大大促进人们对国际团结之迫切需要的了解。当各国际组织和每一个国家准备迎接21世纪的挑战时，"世界公民意识"却依然是一种与社会现实和具体认识十分不符的概念。然而，随着相互依赖性的增加和问题的国际化，地球村已成为我们的前景。由于对正在发生的变革缺乏认识，整体与局部之间的紧张关系不断加剧。为此，必须鼓励基层的各种主动行动，开展交流与对话，倾听男男女女的日常意见。在这方面，非政府国际组织的行动对消除恐惧心理和对他人的不理解，对建立作为今后全球社会之基础的多种联系，具有重要的意义。非政府国际组织长期以来都是教科文组织在这一领域的最佳合作伙伴，教科文组织必须越来越依靠它们的帮助，只有这样才能使其行动扎根于现实之中。

为此，必须强调国际了解教育以及社会科学对认识全球团结的重要贡献。作为范例，教科文组织可鼓励进行一次跨学科的总结，研讨人类社会在20世纪末期面临的主要问题。

在对当今世界有这样一种直接的感知后，教科文组织便可充分行使其伦理方面的职责。其实，委员会认为，由教科文组织《组织法》给予优先的该组织的伦理使命，已被现代社会赋予教育的下述新使命所强化：促进持久发展，确保社会的内在团结，鼓励各级的民主参与或适应国际化的迫切需要。实际上，在所有这些方面，教育的最终社会目的决不应忽视人以及国际社会在联合国组织成立时宣布的种种理想的至上地位。因此，当初就十分重要的伦理需要最终证明，自己能使教科文组织的行动与充满疑问和不稳定因素的当前现实更好地协调起来。在使这一行动扎根于对进步的一种唯意志论的、均衡的看法的乌托邦愿景中的同时，教科文组织在21世纪的前夕，还将为建立一种真正的"和平文化"作出积极贡献。

提示和建议

- 需彻底重新研究的国际合作的必要性也适用于教育领域。这不仅是教育政策负责人和教师的事情，而且也是集体生活所有参与者的事情。
- 在国际合作方面，应根据北京会议（1995年）的精神，实行坚决鼓励女青少年和妇女教育的政策。
- 尤其要通过促进地区集团内部的合作与交流，使所谓援助政策朝着建立伙伴关系的方向演变。
- 将1/4的发展援助款项用来资助教育。
- 鼓励债务转换，以补偿调整政策和减少内外赤字的政策对教育开支的不利影响。
- 通过鼓励地区一级各部之间以及面临同类问题的国家之间的联合与合作，帮助加强各国的教育系统。
- 帮助各国突出教育的国际方面的内容（课程计划，使用信息技术，国际合作）。
- 鼓励在主管教育的国际机构之间建立新的伙伴关系，其中一种途径是，根据在宗滴恩会议上提出的机构间倡议，发起一个旨在传播和运用终身教育概念的国际项目。
- 尤其通过建立适当指标的方法鼓励在国际范围内收集各国教育投资的资料：私有资金、工业部门投资、非正规教育开支总额等。

- 通过比较各种数量数据和质量数据,如教育开支水准、流失率、机会不均等、教育系统许多部门缺乏效率、教育质量不高、教师的地位等,建立一整套有助于发现教育系统最为严重的运作障碍的指标。
- 本着展望的精神,建立一个教科文组织观察所,观察新的信息技术、其发展及其对教育系统和现代社会的可预计的影响。
- 通过教科文组织鼓励教育领域的智力合作:教科文组织教席,联系学校,在国家之间公正地分享知识,信息技术的传播,大学生、教师和研究人员的交流。
- 加强教科文组织为其会员国服务的准则性行动,例如使各国的立法与国际文件协调一致。

结 束 语

　　国际委员会的成员们来自各个不同的方面，有不同的经历。因此，他们所持的观点也多种多样，为委员会的工作带来了许多新颖的思想。然而，在这种多样性的基础之上，委员会就应采用的方法和主要结论达成了非常广泛的一致意见。在报告的起草过程中，大家开展了深入的讨论；即使每个委员在亲自执笔的情况下很可能会对某一段甚至某一章采用另外的措辞，但是报告的实质内容和要点均得到了大家的一致赞同。尽管如此，由于报告只涉及少量被认为对今后教育尤为重要的专题，所作的取舍必然会使一些尽管重要甚至被认为具有极其重要意义的问题被弃置一边。因而在工作快结束时，委员会决定请每个成员单独写一篇文章作为个人的发言列入报告，以更好地反映所讨论的各个问题看法的多样性和内容的丰富性。以下大家可看到委员会 11 名委员个人所写的文章。

英才教育：为培养人才而投资

安阿姆·阿勒穆夫蒂

我们正处于这样一个历史时刻：全世界正经历着重要的科学技术革新、经济和政治领域的变革和人口及社会结构的转化。毫无疑问，这些翻天覆地的变化，今后还会进一步加快，并势必会造成许多紧张局面，特别是教育界的紧张局面，因为教育界将要满足日益增多的需求并接受一个迅速变革的世界所提出的各种新的挑战。为了适应当代的需要，我们应发挥创造力，拿出勇气，坚决进行切实的变革并立志完成自己将承担的各项重任。

为了适应这种形势，国家或国际上的教育改革计划不应局限于争取实现合理的规划和资金的合理安排。改革政策应该力求使教育达到精益求精的程度。

全 民 教 育

特别是在近 20 年期间，各国政府和各国际组织均一直在努力应对发展的挑战，把它们的行动重点越来越多地放在扩大教育机会方面。例如，对于发展中国家来说，这就是要实现教科文组织确定的"全民教育"目标。但是，由于没有优先注重所提供的教育的质量，所以教育的发展主要在于满足日益增多的接受学校教育的需求。这样便造成了学校学生人数过多，死记硬背的教学方法已过时，教师已无法适应一些比较现代化的方法（如课堂上的民主参与、联想学习和利用想象力解决问题)这样一些后果。所有这些问题现在均成了提高教育质量的障碍。

值得注意的是,教育系统的这种广泛而迅速的发展以及它在许多国家中负担过于沉重,使得它无法充分地照顾到教育的公正性,而这种公正性要求人们为那些能力各异的学生提供适合其需要的学习机会。压倒一切的全民教育雄心使人们忽视了那些天资聪颖的学生的需要,并对能力不同的学生采取了完全相同的做法。正如杰斐逊所言:"再没有比以相同的态度去对待不相同的人更不平等的了。"无论传统政策有何种良好的愿望,使天资聪颖的学生得不到适当的教育机会,就是使社会失去它为实现真正有效的发展而应拥有的最宝贵的人力资源。

在21世纪前夕,发展中国家在寻求发展的过程中,需要应对各式各样的挑战。为此,它们需要一些经受过必要的培养和锻炼、能够适应社会-经济需要的领导人。应该承认,那些天资聪颖的学生,即"未来的领导人",在教育方面有自己的特殊需要,应该满足他们的这种需要。

正视现实

面对这种形势,应该创造其他一些在教学内容和教学方法上要求更高的教育机会,以满足个人的不同需要。应该培养教师,使其适应优秀学生的不同学习需要。任何学校,不论是什么学校,它的一个重要的优先事项均应是制订和实行能够激发学习热情的课程计划,提供广泛的深入学习的机会,来满足最具天资的学生的需要。这对于培养要领导大家走向持久发展的未来领导人来讲具有极为重要的意义。需要使学校的正规课程具有更高的要求,为优秀学生提供充分发挥自己潜力的机会。

英才教育

培养英才意味着要努力制订出适合所有学生的不同天资和需要的更加丰富的教学计划,争取使他们中的每个人都能发挥自己的潜力,并注意培养那些特别有天赋的学生。在如何教授高深课程方面注意对教师进行进一步的培训也是很重要的。否则,社会给学生的信息就不过是在学习中力求达标,而不是争当优秀。

家庭、社区和非政府组织的作用

发现和培养天才不光是学校的任务。家庭和地方社区在使学生的潜力得到充分发展方面的作用既是对学校工作的支持，又是一种补充。至于非政府组织，它们可以在帮助社区承担社会责任方面发挥决定性的作用。它们在促进宣传、提高效率和鼓励社区所有成员参与方面均可以起到非常有益的作用。

尤其是妇女

社区的这种参与的关键仍然是要加强妇女对发展过程的参与，这已成为人的发展中的一个中心问题，而且今后还应越来越多地得到承认。目前，妇女在几乎所有的高等教育计划中和在大多数高级行政管理职位中的代表性不足。**加强妇女的参与必须通过教育。**妇女教育可能是一个国家所能进行的最能得益的投资之一。**为妇女，尤其是为特别有天赋的妇女和女童提供更多的机会，就是为造就女英才开辟道路，**就是使妇女能够有效地参与促进教育进步和持久发展的决策。

约旦的做法

约旦的在校儿童约有 100 万人，占总人口的 25%。义务教育和各级入学率的迅速增长使国家教育系统负担过重，无法妥善解决教育方面的公正性问题。为了纠正这种状况，10 年来约旦实行了一项大规模改革计划，以提高教育的质量。立法机构特别注意到了具有特殊天赋的学生的情况，以及为满足这些学生的需要培养教师的能力和开展教师培训的必要性。

努尔·珂勒·胡赛因基金会（NHF）注意到英才教育符合国家的需要，随后便发起了一个教育革新项目，以争取满足这种需要。该非营利性非政府组织建于 1985 年，目的是对整个约旦的各种发展需要进行调整并给予满足，推行一些具有新意和活力的社区综合发展模式，以及确定有关人的发展及社会经济发展、教育、文化和艺术方面的国家优异标准。该基金会主张在民主参与和各级部门间合作的基础上走全面发展的道路。

为了执行有关国家教育改革计划的指示并为天资聪颖的年轻人提供学习的机会，该基金会与政府合作，经过10年的努力（规划、广泛研究、制订学习计划和师资培训），于1993年建立了朱比利学校。

朱比利学校是男女混合的寄宿中学，它为学生们提供了一种独特的学习机会。它的教学计划集中针对学生的智力需要、能力和实践。它提供的教学环境能够激发学生的学习热情并能促使学生去发现、试验，以独特的方法去解决问题，甚至是发明创造，充分地发挥自己的潜力。它的学生都必须经过严格的挑选，而且挑选工作有一整套严格的标准，其中包括过去的学业成绩、品行、总的智力水平、某些数学能力和创造性。

为了保证机会均等，不论其社会-经济地位如何，所有学生均享有奖学金，而且该校还特别注意招收那些来自约旦王国偏远地区和处境不利地区的儿童，因为这些地区的教育机构不能完成满足天资聪颖学生的需要这项艰巨的任务。朱比利学校希望它的毕业生在接受了进一步的培养教育之后返回其当地社区，承担社区的各种领导工作，促进社区的发展。

该校很注重民主的学习环境，它鼓励思想自由和表达自由。学生通过在该校的学习，应学会有效地利用自己所学的知识。学校不仅设法使学生牢固地掌握普通知识，而且还注意培养他们的性格，使他们具有强烈的社会责任感。

另外，朱比利学校还通过它所设立的英才教育中心与教育部及公立和私立部门进行合作，参与提高社区天资聪颖学生的教育质量的工作。该中心的职能是拟订教学和学习计划、编写课本和信息资料，以便提供给全约旦的其他学校使用。它还参与制定和宣传理科及文科教学领域的一些革新和改进措施，供中学教师使用。该中心还承担着文献及信息中心和教育研究机构的职能。此外，它还支持全国各地区为教师和天资聪颖学生举办讲习班以及开展培训计划和活动,其目的主要是让教师学会如何运用最有效的教学方法,如何制订计划和考虑自己班级内个人之间存在的差异。培训计划的内容还涉及如何扩大幼儿接受教育的机会,出身贫苦或少数人群体的天资极优儿童的学习潜力,以及如何通过在有助于天资聪颖儿童充分发挥其潜力的环境中观察学生,而不是仅根据考试成绩来确定天资聪颖的儿童。

朱比利学校及其中心注重发挥人的潜力,为国家发展之目的而使教育实验室现代化,强调公共与私人组织的合作及其为整个约旦社会服务的义务,并成功地将这些方面的研究和革新结合在一起。朱比利学校建校两年以来,它的学生在学习和社会教育方面均取得了出色的成绩。就学校的成功而言,一位学生的话就很说明问题:

> 过去,我把学校看作是监狱。而朱比利学校是使我学到东西并完全感到自由的地方。这是获得友谊、科学和想象力的理想之地。在这个学校里,老师是朋友,知识是朋友,书籍也是朋友。

提高学校教育质量

天城勋

各国建立的现代教育系统为造就个人以及整个社会作出了很大的贡献。因此,当社会发展时,它们会受到舆论的批评,人们也会向它们提出一些不适当的要求。

每个国家应不时地在教学方法、内容和管理方面改革它的教育制度。然而,不论这些改革有多深入,学校教育均会将其现有的主要功能保留到下一个世纪,而它的生存发展则无疑主要取决于我们能否保持其"质量"和"针对性"。

教育的负责人应从以下三个方面来解决学校教育质量的问题:

1. **提高教师的能力**,并为此而采取以下六项政策或措施:

• 目前,一些国家的教师**任职之初的受教育水平**是中学水平。这些国家应该提高这一水平并在今后使其达到高等教育水平,就像许多工业化国家那样,在师范学院或大学培养教师。其中一些工业化国家还设有师资教育的研究生课程。

• **教师合格证书**应说明证书持有者任职前所接受的教育是培养其从事哪一级教育和哪一类教育的(小学、中学、技术或职业教育、特殊教育等)。

• 教师的**聘用和分配**应考虑到不同科目之间、有经验的教师与经验不足的教师之间、城市与农村之间的合理的平衡。

• **在职培训**是终身教育中备受推崇的一种形式,它有助于教师队伍中的所有成员提高其理论和实践方面的教学能力。这种在职培训应考虑课程的制定及其相关方面（参见第 2 节）。

- 教师的**工作条件**，如班级大小、工作小时或天数和他们所使用的手段均应加以考虑。

- **教师的薪酬**应足以促使有才干的青年选择教师这个职业，并应具有与其他公务人员的薪金水平相似的合理数额。

主管当局应把制定与上述措施相结合的有关教师的总体政策作为其主要的关切事项之一。

2．设计和制订课程计划及相关方面

当局和有关的专业团体应合作开展这方面的工作。学校的课程设置应与教师培训的内容相一致。

在制订课程计划时，应同时研制出教学方法、教科书、教学材料和教具来。借助计算机和其他传播媒介促进教与学的过程尤为必要。

课程计划应考虑自然科学及人文科学研究方面所取得的进步。在制定教与学的方法时，还应考虑实验课的重要作用以及在与自然界接触的生活和学习中所能获得的经验。

3．学校的管理

这是可能改进学校教育的第三个领域。学校是系统组织教育实践活动的主要教育机构。即使教师在大多数情况下是单独上课，但他们是一个集体，大家共同创造着人们所称的学校文化。如果学校校长没有在教师的积极配合下对学校进行良好的管理，那么，学校很难提供高质量的教育。

总之，从我们上面谈到的三个方面来**提高学校教育质量**将是 21 世纪各国（不论其情况如何）政治领导人的一个根本目标。

教育与重振社区精神：
21世纪学校的社会化作用一瞥

罗伯托·卡内罗

如果说即将结束的世纪暴露出一些很深的创伤的话，那么，即将随同21世纪开始的新纪元则有给人带来希望的迹象。新纪元肯定会提出一些新的社会要求，其中，**共同生活**的本领将成为治愈由充斥20世纪之仇恨和不宽容所造成的累累创伤的手段。

以优胜劣汰的自然规律为基础的无情经济法则的胜利，以及冷酷的新经济自由主义的统治地位，决定了1989年以来的历史发展趋势，也使得人们必须更新道德观念和再铸伦理规范，以解决日益严重的社会不平等这一世界性社会问题。这是一个由一系列可变因素决定的复杂的综合体，其中主要的可变因素如下：

1．由赤贫状况引起的令人忧虑的社会气馁征兆。

2．一种导致文化、物质、精神、感情生活以及公民生活贫困化现象日益严重的新的多方面的贫困。

3．在一个孕育着危险和破坏人与人之间信任关系的个人主义欲望占上风的社会中，社会资本已不那么重要。

4．由一种表现在许多方面的与许多利益集团的行动一致的逻辑所决定的社会关系的冲突性和垂直性，以及阶级斗争逐渐被种族或宗教-文化冲突所取代，预示着大规模部族运动的出现。

5．放弃产生文明的文明空间，而一味追求产生两重性和社会排斥的极端营利主义。

因此，当前正面临着一个重大挑战：重建人类社区的挑战。急不可耐的迹象大量存在；人类社会预感到，即将结束的20世纪的大趋势的直线投影所预示的，并非是幸福的命运。具有大众化和个体化特点，在经济上获得了最大成功的第一代信息与传播技术，目前正由开始恢复网络对话思想和（虚拟）邻里关系价值的第二代技术所取代。学习的社会是建立在分享知识的道德标准和由全球化使其成为可能的无边界人际关系所引发的学习经验基础之上的，这种社会似乎应鼓励后唯物主义价值观的出现。

因此，团结一致和新的社区精神，可以重新自然地成为一种有机的生活组织原则和反对社会排斥及社会结构自杀性毁灭的解决办法。在这种情况下，需要由家庭和学校等基本而稳定的社会化机构重新发挥其中流砥柱的作用，由此可为未来的社会打下坚实的基础。

教育历来是，今天依然是一项社会性十分突出的工作使命。个人的充分发展既要靠加强个人的独立自主能力，也要靠培养关心他人或者是发现他人这样一种道德态度。人性化是指个人的内在发展，自由和责任的统一，是其得到充分发展的标志。教育系统同时是**人力资本**（贝克尔）、**文化资本**（布迪厄）和**社会资本**（帕特南）的源泉。通过仍然坚持为社区目标服务的教育，**与人为敌的人**（homo homini lupus）也可变成**与人为友的人**（homo homini amicus）。

任务虽然庞杂，但是不能推托，因为21世纪之社会秩序的建立取决于这一任务完成的情况。不过，只有进行**公正教育**才有可能重建道德教育的坚强核心，这种教育必须以不因循守旧和摒弃不公正行为的公民文化为前提，并对每个人进行积极的公民权利与义务的教育，使仅仅是被授予的普通公民资格变成参与的责任。与此同时，正是通过掌握抽象的公正概念（公正，机会均等，有责任的自由，尊重他人，保护弱者，尊重差别），才能培养习惯于采取具体行动促进社会正义和捍卫民主价值的思想态度。

因此，根据教育是公共财产（起码可以说差不多是公共财产）的原则，学校首先应被看作是一个社会机构，或者更准确地说，是一个属于公民社会的机构。换句话说，学校不能再成为使人类休戚相关的脆弱联系化为乌有的不可抗拒的经济力量的一个简单组成部分。

根据汉娜·阿伦特的哲学理论，社会生活可分为三个领域：**公共领域、市场领域和私人领域**。阿伦特认为，公共领域应提倡**公正**价值，市场和职业界会导致歧视，而私人领域则以个人选择的必然结果——排斥为其特点。

根据这些基本概念，凡是**学校**，不管其具体身份是私立的、合作的还是政府的，均应被定义为**公共活动领域**、社会化的**环境**和**地点**，同时它以积累由其产生的资格和人力资本的方式为经济领域和私人领域作出贡献。在一些文化方面日益复杂和多样化的社会中，作为公共领域之学校的出现突出了它为促进社会内在团结、人类的流动和集体生活的学习所起的无法取代的作用。

总之，学校里发生的任何事情都对建设稳定社会的过程不无影响。

的确，只有通过建设由民主参与准则管理、强调不同观点之间采用协商方法、拒绝采用任何暴力或专横方式解决自然发生之冲突的**多元教育社区**，才能进行有关全部公民权利与义务的教育。在这种教育的范围内，消极的宽容被优待少数人群体所取代，因为民主教育的基本目标是让所有的人都公正地享有基本的政治权利。

此类学校对于**终身教育**来说极为重要。正是这类学校为人们提供不断适应社会的基本技能，换言之，通过培养一种积极的人生态度来不断获得人生各阶段所需的社会能力，从而提高文化素养，抵御社会的种种排斥。教育过程与适应社会能力的**培养始终并存于人的一生**。

从定义上讲，新世纪意指**新前景**。这些主要以人为中心并特别富有人性的前景必然要求优先考虑教育问题。

今日非洲教育

费伊·钟

非洲比其他任何大陆都更需要根据经济的全球化和当地的具体情况重新考虑其教育体制。此外,承袭自殖民时代的体制往往原封不动地保存下来,一般是出于"保存规范"的考虑,然而,这是幻想而不是现实。因为在少数精英接受与各大都市所施行的完全一样的教育的同时,大多数人却被剥夺了接受任何形式的现代教育的权利。这些受过教育的精英根本没有能力改造其国家封建的社会结构和传统的维持生计的农业,而其东亚的同行们却成功地使该地区的经济比其西方的原始模式更富有成效,两者之间形成了强烈的对照。有必要考虑一下,一方为什么会失败,另一方为什么会取得惊人的成就。还应该考虑的是,教育在这两种情况下分别发挥了什么作用。

东亚深受日本模式的影响。自1870年起,在整个明治时期,所有的日本儿童必须接受初等教育。这一目标达到后,日本又为普及中等教育作出了努力,而在第二次世界大战结束后,大多数人都可以接受高等教育。此外,自19世纪起,日本人便完全意识到,为了民族的生存,必须吸收西方的数学、科学与技术,但同时需摒弃西方的文化和社会道德准则。他们不无傲慢地断言他们小心翼翼保存下来的语言、文学、文化与宗教的优越性。但同时,他们又十分谦卑地着手仿效,不久甚至超过了西方的科学与技术。

非洲没有作出如此有意识的抉择。由基督教传教士引进的西方教育在非洲培养了一些精英,他们比较注重研究神学、历史、文学和文化，而不注重研究科学技术，这种偏重于人文学科的倾向今天还能看出来。追随西方的这一做法的最为明显的表现是非洲语言被排斥在教育系统之外。今天仍然如此，多数法语或葡萄牙语国家不教这些语言，甚至某些英语国家还批评使用非洲语言是"分裂的因素"或"部族主义"。与日本相反，非洲没有有意识地拒绝西方的文化和道德准则，也没有有意识地采用西方的科学与技术，归依基督教的非洲人在自己的文化中所看到的只是迷信和陈旧过时的东西，因此把它作为"不文明的东西"全部抛弃了。换句话说，有文化的非洲人已把欧洲人对非洲传统文化的看法作为自己的观点。

非洲的教育不仅继续保留了殖民时期的体制和结构，而且依然是高度尖子主义的。虽然许多非洲国家已经独立约三十年了，但是能够普及初等教育的国家却很少。中等教育方面的情况更糟：在许多非洲国家，只有4%—5%的适龄儿童有机会接受中等教育。在多数非洲国家，有关年龄组仅有不到1%的人有机会接受某种形式的高等教育，而工业化国家则有25%—75%的人能够接受高等教育。即使是能够注册接受高等教育的学生，也很少专门攻读科学或技术学科。

根据这一分析，我们应该重新研究教育和经济发展以及教育和文化价值之间的关系。需要给"发展"下一个更清楚和更明确的定义。目前，非洲的发展战略似乎仅仅建立在**结构调整**的基础上，然而，很明显，这是对发展的一种过于狭隘和纯经济主义的看法，这种看法丝毫不考虑其他一些极其重要的因素，如一个国家人力资源的发展水平或其经济多样化和工业化的程度等。还必须重新给教育下定义，以便不再毫无区别地长期沿用过去的体制和结构。教育应为一个目标服务。这个目标应由非洲自己确定。在经济发展方面，教育应发挥至关重要的作用。在树立和确定能使非洲成为一个政治和文化上统一、协调和面向未来的大陆方面，教育也应发挥重要作用。只有在教育目标明确之后，非洲才能确定最适合于发展的教育类型。

在确定这一目标时，应牢记**地球村**和**国际市场**的实际情况。非洲不能再允许自己以保存过去的教育体制和结构的方式将其殖民主义和封建主义的双重遗产永远传下去，不能再无视地球上其他国家正在向技术先进的工业经济转变这一事实。然而，从另外一个角度来看，由于非洲是最后一个投入现代化进程的大陆，它可以避免由此导致的对环境和人类的严重破坏。非洲大陆的污染最少，环境遭受破坏最轻，在进入没有别处那些有害影响的新时代时，应该利用这些王牌。它还应预防由对进步的错误看法造成的对人际关系和社会关系的破坏。关键的问题是，非洲能否使其工业化最终达到足以实现经济独立的程度，并在采取一种有助于保留过去的精华的社会政治制度的同时，吸收21世纪的普遍价值观。

凝聚力、团结与排斥现象

布罗尼斯拉夫·盖雷梅克

20世纪即将结束时,有这样一种略为苦涩的分析:1900年产生的希望落空了,20世纪引人注目的科技进步并未带来人类和自然界之间的进一步平衡,也未导致人与人之间进一步和睦相处。在下一个世纪到来的前夕,必须确定目前的挑战与趋势,以便为教育和教育战略指明方向。在这种情况下,把社会凝聚力作为教育的目的之一是适宜的。

社会凝聚力的概念本身在价值伦理方面就有某些模棱两可之处。现代化过程在空间和时间方面有很大的差别:在欧洲和大西洋地区,这一过程发生在16和19世纪之间;在世界其他地区,这一过程则是从20世纪开始,至今仍在继续。但是不管在哪里,现代化过程都具有国家政权日益干预人与人之间关系的特点。兵役和义务教育、公共秩序或者卫生设施,都证明了现代国家为培养或强行培养应成为其基础的社会凝聚力所作的种种努力。但是,20世纪也经历了专制及其思想意识和政治方面的种种限制:包括学校在内的社会教育是为了强行培养社会凝聚力和强迫文化统一。这不仅仅是指法西斯主义,而且也包括某些专制制度:在20世纪,集权诱惑似乎始终存在,阻碍着民主原则的世界化进程。

在发现集权和专制制度失败之后,20世纪最后1/4的时间才重新确立了个人的权利比国家权利更重要的原则。人权哲理已成为一种被普遍接受的标准,国家直接干预经济或社会生活被认为是可疑的和多余的;个人自由被公认为一种价值和一种优先的政治方针。1989年适逢法国大革命200周年和东欧国家的非暴力革命,这一年,这种个人主义的趋势发展到了顶点。但是,在20世纪末的环境下可以听到对团结的强烈呼吁(自1980年起,波兰一个反对共产主义制度的工会就取名为"团结工会",在法国政府的组成中,就有一个"团结部"),个人主义和社会一体化之间的矛盾就这样消除了。培养我们各个社会的凝聚力,今天首先意味着尊重人的尊严,以团结的名义形成社会纽带。任何一种特定的哲学,任何一种文化传统都不能将这种方法占为己有:它是确定20世纪转折点的教育方针的普遍愿望之一。

寻求社会凝聚力是国家在许多领域行动的特点。的确,国家是其借以存在的集体特性的体现,其整个行动的目的是支持这种特性——民族特性或公民特性,使其以对共同过去的记忆或保护共同利益为基础。国家也可以把团结看作是其下述各项政策的基础和目标:力求帮助弱者或减少物质方面差距的政策,确保自由地获取知识和创造人与人之间的交流机会的教育政策,支持创造活动和参与文化生活的文化政策。但是,社会一体化的未来也取决于各社会本身所开展的行动,非政府组织、公民社会各机构的努力,劳资关系,人的态度和认识。只有不仅包括学校而且也包括家庭、企业、工会或军队在内的终身教育才能教育和培养他们。在21世纪前夕"学会生存"要求在社会和政治关系中、在人类和自然的关系中、在文明与经济的较量中首先尊重个人。在力求了解现实情况——人和世界的现实情况的同时,必须认识到产生团结之需要的相互依赖性。此类团结不是出于人们的良好意愿,而是由当前的种种限制所迫。此类团结在各个层次、各种规模的社区都有。目前在人类生活的各个领域强烈表现出来的世界化现象,有助于从这个角度考虑南北关系、国际合作问题与和平战略。

社会凝聚力和团结在即将结束的20世纪的教育哲学中是作为与人的尊严有密切联系、协调一致的愿望和目的而出现的。尊重个人的权利与责任感并行不悖,并鼓励男男女女学会共同生活。然而,在解决当今世界面临的主要问题的议事日程上,还包括日益严重的排斥现象。

社会排斥现象并非20世纪末的产物。这种带有**罪恶印记的现象**存在于人类历史的各个阶段。神话故事和各大宗教的圣典描述过排斥现象，文化人类学和社会史分析过古今的排斥现象。然而，在20世纪最后1/3的年代里，自60年代在欧洲和美国发生的事件以来，排斥现象就已成为人文科学和政治用语的常用概念。从中可以看出这样的迹象，即排斥现象已成为一个社会问题，或者这一现象已达到过去从未有过的程度，抑或社会凝聚力的需要已使其成为更为严重的问题。不管怎样，排斥现象已成为20世纪末最大的挑战之一，21世纪的教育必须解决这一问题。

研究贫困问题的历史学家指出，现代化过程在不同的历史时期曾使各有关社会把穷人视为被排斥者。这种现象在20世纪末首先表现在撒哈拉沙漠以南各国日益严重的贫困方面，其次表现在资本主义经济内部的失业现象旷日持久方面，最后但并非最不重要地表现在逃避贫困和对其原籍国缺乏信心的居民向富国移居方面。20世纪最后几十年的经验表明，对这些病症没有别的治疗方法，只能用发展经济的方法，人们深知教育在这方面所起的根本性作用。但是，社会上对贫困的态度问题尤其令人担忧：不是同情和支援，而是漠不关心、害怕和厌恶。

必须努力改变这些态度。只有把有关世界历史、全世界各种社会和各种文化的教育同真正的公民教育结合起来才能取得成效，才能导致对社会相异性的进一步了解。为了解决失业问题，必须重新考虑我们目前的教育概念，必须打破限制儿童入学的各种旧框框，必须超越义务教育的范围，以便从终身教育的角度规定若干学习阶段。教育社会的概念还应促使缩小技术性工作和非技术性工作之间的差距，这种差距是当今世界不平等现象的主要根源之一。从需要大量劳动力的技术过渡到节省人工的技术必将导致强调工作质量，进而强调教育，这也为每个人用更多的时间进行学习提供了可能性。失业问题虽然没有因此而得到解决，但是已不再具有同以劳动为基础的社会严重脱离的同样性质。

不能只从劳动力市场的角度分析移民问题，对移民的敌视不能归结为害怕竞争。在多数情况下，移民在东道国所从事的都是当地无人去谋求的工作，因为他们从事的都是一些技术性不高或被人看不起的工作。文化方面的差异是相异性的另一个侧面，各种传统社会都有可以使农村居民城市化的文化渗透渠道：在行会中学习，在社团中共同生活，帮做家务等。现代社会应开发有助于移民融入现有社会结构的文化适应方法。对这一问题的认识应对现代教育系统产生影响，使其亦能通过下述途径对成人进行培训：使他们具有一定的资格，让他们学会学习，为他们提供文化设施。

如果说教育想在反对排斥那些因社会-经济或文化原因而处于现代社会边缘的人的斗争中发挥决定性作用的话，那么它在使少数人群体融入社会方面的作用似乎更大。关于少数人群体之地位的法律标准业已拟定，有待执行，但是问题不是法律方面的，而是社会心理方面的。为了改变集体对相异性的态度，应考虑不仅由国家和公民社会、传播媒介和宗教团体、家庭和社团，而且也首先由学校在教育方面共同作出努力。广义的历史和社会科学教学，各种类型的公民教育，均应使青年人树立宽容和对话的精神，使保持传统和保存集体特性的合法愿望永不违背博爱和团结的精神，使保持社会凝聚力永不成为闭关自守和原教旨主义的代名词。

终身教育必然抵制最为痛苦的排斥形式——因无知而被排斥。人们有时用"信息技术革命"一词形容的信息和传播技术的变革更加剧了这种排斥的危险，并根据21世纪的要求，赋予教育至关重要的作用。因此，一切教育改革均应意识到排斥的危险，均应探讨保持社会凝聚力的必要性。

创造机会

亚历山德拉·科恩豪泽

对国际 21 世纪教育委员会的全体委员来说，参加提出本报告的工作是一件令人愉快的事情。但是，当前真正重要的事情不是对已完成的工作如何感到满意，而是思考如何落实有关的想法和建议。

经验这面镜子使我们看到的是一个处于严峻形势中的世界形象。本报告呼吁持乐观态度是非常有道理的。因为，如果身居领导职位的人们表现出悲观情绪，在其解决问题的方法方面采取玩世不恭的做法，那么，大多数人还有什么希望可言呢？如果我们确实希望达到报告中提出的崇高目标，我们就应当用热情武装自己，采取行动，克服困难。

在机会出现时抓住这些机会是不够的。我们应当创造机会。下面的内容旨在利用从处于过渡时期的国家中得到的三个例子，阐述一些看法，确定为落实我们的各项建议而应采取的若干行动。

理解人的持久发展概念

在教育实践中，这一概念经常含混不清。人们通常这样解释，即这个概念符合通过减少世界消费，尤其是减少非再生资源的消费保护环境的紧迫需要。事实上，发达世界对这种义务并不十分热情。发展中国家实际上对此持反对态度，它们提出的非常正常的理由是，长期以来，它们在生活中从未超过最必需的消费量，因此它们有权在将来享有较多的资源。处于过渡时期的国家的形势类似于这种情况。在这些国家中，经济崩溃造成了极其严重的社会危机，而且每天都在为生存挣扎，未来的发展问题便被置于次要的地位。因此，这种模式提出的限制没有激起热情。

需要有另外一种关于人的持久发展的方法。"发展"应当是一种对人人都过上更好生活的乐观的许诺。"人的"应当意味着接受另外一种价值体系，这种价值体系更重视非物质财富和团结互助精神，它还应指出人类对环境更加负责的途径。最后，"持久的"首先应意味着"更好"，也就是说，这种发展应使所有的人在消费少的情况下达到更高的生活水平。换言之，人的持久发展应被理解为通过提高人的所有活动的质量取得的进步。

为了有更好的生活质量，我们应当丰富自己的知识。我们应当在科学和技术、社会科学及人文科学等领域中不断取得进步。这些知识应当与国家的和当地的专门知识结合起来。为了确认在人的方面存在着质量问题，我们还需要改进我们的价值体系。正是这些知识和价值的密切结合创造着智慧。

本报告非常重视21世纪所需要的价值。这些价值既扎根于当地文化和民族文化中，也存在于世界文化中。我们应当在科学界的人和文化界的人之间重开对话。他们今天的隔阂既不是天生就有的，也不是历史造成的。这种疏远主要是20世纪的一个特点，它在很大程度上是由于教育忽视人的全面发展而造成的。

我们怎样才能把以追求质量为特征的人的持续发展的想法付诸实践呢？由于参加了教科文组织和开发计划署旨在促进制订和实施人的持久发展的国家计划的一些活动，我可以在此举出一个例子。

在几个正在过渡中的中欧和东欧国家中，已经提出了下述战略，并部分实施了该战略：成立（或建议成立）一个由政界、经济界、科学和文化界的知名人士组成的与总统或议会同级的国家理事会。该理事会负责制定应遵循的总政策，发起某些活动和制定实施战略。它鼓励采取行动，并评价各种倾向。它有一个执行机构，即由政府机构、生产、商业、科学、教育、文化、非政府组织和传播媒介等各大部门的代表组成的协调执行委员会。该委员会应当采取主动行动和执行确定的战略,动员各部门提供协助,整合各项行动,评价所取得的结果和鼓励采用各种被认为最好的做法。每个部门都为执行特别项目设立自己的工作组。

在采取上述措施时,教育可在哪些方面发挥作用呢?在所有方面。各所大学和科学院(它们都是将知识和价值结合在一起的教育机构)在国家理事会及其协调执行委员会中发挥着重要作用。在缺乏新知识的情况下,政府机构不可能很好地执行新任务。因此,必须制订并建议该部门实行一项课程计划,该计划可给它带来新的思想和好的实例。在生产部门,必须采用能使环境清洁(或更清洁)的新制造工艺和新产品。鉴于可投资的资金有限,知识密集型的制造工艺应高度优先。为了开发和转让知识,研究必须与教育并驾齐驱。贸易需要世界市场知识和办企业的技能,这些知识和技能正是处于过渡时期的国家所缺少的。

在这一点上,仍然是(广义上的)教育可以提供这些技能,并能把社会文化价值结合在一起。最后,有一件并非最不重要的事,就是还应教育记者、读者和电视观众,以便调动起广大公众的积极性。就环境问题进行的宣传常常把重点放在抗议上,而不是放在积极参与旨在预防工作地点和日常生活中的环境恶化和改善环境的活动上。

教育是确保人的持久发展的关键所在。应当制订环境教育战略和计划,它们应包括学校教育和非正规教育,应从终身教育角度出发处理问题,并应由政府机构、生产部门、商业部门及地方社区实施。

一些人可能会认为这种方法太复杂。然而,它似乎给一些处于过渡时期的国家带来了良好的结果。计划经济的传统往往倾向于一开始就自上而下的集中方法。但是,创造更多机会的需要很快就会激发基层采取主动行动。

一旦我们开始贯彻人的持久发展概念,委员会在其报告中介绍的新的教育概念便成为重要的概念。经验表明,为了实现一个更加人道的社会,应当努力寻求和促进知识与价值的结合,应当树立对当地、国家和世界环境负责的非常强烈的意识,并应提高能够增强共同生活的意愿的热情。政界、生产部门、科学和文化界的知名人士参与为传媒制作的节目起到了强有力的催化作用。

是宽容还是尊重

另一个概念引起了许多讨论,尤其是在处于过渡时期的国家中引起了许多讨论,这就是宽容概念。在未来的年代里,光宽容可能是不够的,为了生活在一起,我们应当由宽容转为积极合作。这就意味着共同努力保护多样性。我们不应再说"我是宽容的",而应当说"我尊重他人"。

有许多不宽容的例子出现在以压制为基础的政治制度崩溃之后,这种崩溃在许多国家激起了获得自由的希望,其中包括选择是否融入更大群体的自由。在几个国家中,一些人利用这种形势散布不宽容和仇恨,从而制造战争危险,甚至是战争。可悲的是一些至少半个世纪以来共同和平生活在同一个国家或相邻的国家的居民,今天却相互极端仇恨。为什么他们接受那些认为其他民族、其他宗教或其他文化数个世纪以来限制甚至威胁他们生存的"解释"呢?

教育应对此种情况负责。如果教育未被价值可疑的政治目的所操纵,如果教育对历史的评价更加客观,如果教育将个人的和当地的价值与世界性价值结合起来,人们就不会如此轻易地被宣传欺骗。

为了促进更好地相互了解,有人曾建议由相邻国家的历史学家小组编写历史教科书,但是,许多历史学家都嘲笑这种想法。即使如此,我们仍应继续这样做。在通常的方法明显没有产生任何结果的情况下,我们需要这种"发疯般的"的方法。如果人们对历史没有更忠实可信的记述,那么我们对未来还能寄予什么希望呢?如果介绍各种事件时更注意准确,如果对事件所作的解释少一些民族主义或霸权主义色彩,如果这种解释更多地考虑到人的个人价值和普遍价值,那么欺骗舆论就将更加困难。

为了挫败这种操纵舆论的手法，至少要在另外两个方面促进教育的进步：应当更多地利用建立在客观观察基础上的、从不易弄虚作假的数据中得出结论的科学方法；还应当重视能超越宽容精神提高对文化多样性之鉴赏力的普遍文化价值。我们已经有了保护生物多样性的好计划。在21世纪前夕，保护文化多样性应当成为一切终身教育计划的一个主要组成部分。

把教育与职业界联系起来

这是另一项紧急任务。然而，人们往往认为，将就业问题纳入教育之中，就是在提高教育质量，尤其是处于过渡时期的国家的大学教育质量走上了危险的坡道。就业结构在迅速地变化，这一事实成了避免与未来顾主建立直接联系和认为基础知识足以使个人应付正在变革的世界的借口。

许多在国际上很受尊重的大学所取得的积极结果否定了这种方法。与工农业的合作也证明，这种合作提高了过渡中国家和发展中国家高等教育的质量，在这种合作得到国家当局的支持时情况尤其如此。

几个大学-工业项目表明，大学师生直接参与职业界的活动非常有益：他们学习集体劳动；应对能使思想与市场挂钩的具体问题；发现所掌握的最新信息确实不足以应对世界范围的经济竞争，必须利用国际信息系统；学习如何取得和整理不同来源的信息；寻求能够作为提出设想之基础的知识系统；设计信息处理和实验研究之间的相互作用并为试点性产业提供协助；寻找市场机遇，学习市场形成机制；确定知识和技术转让的可能性，编制不宜转让的技术清单；将环境标准纳入技术和经济考虑之中；掌握企业需要的技能；了解独立工作的可能性，即用"创造就业"取代"等待就业"等。

价值问题是任何大学-工业项目或大学-农业项目的不可分割的组

成部分，在人的持久发展的技术和社会-经济参数得到考虑时就更是如此。发展清洁或更清洁的制作工艺和产品、预防污染和垃圾管理，都是可以提供许多机会的领域。

学会采用大学教育中与研究工作相结合的教育方法及大学前水平的调查方法解决具体问题，对处于过渡时期的国家和发展中国家尤其有益；这些国家急需在国家和国际范围内改进知识和技术转让。

后续行动

本报告是以全世界的经验和希望为基础的。它的未来将是怎样的呢？它将成为教育发展的一块基石吗？它将为新的开端奠定基础并使人进一步意识到学会认知、学会做事、学会生存、学会共同生活的必要性吗？或者本报告仅是一个新的事件，可能发出星星点点的闪光，但是不会引起大的变化吗？答案首先取决于各国政府将采取何种行动。

对各国政府来说，国际社会的支持极其重要。一个主要危险是，某些新的思想火花在尚无足够的力量在往往十分困难的条件下发出光亮之前，便在当前做法的压力下熄灭了。制订一项承认和传播与当前的教育惯例完全不同的理想做法的国际计划，可能有助于本报告强调的那些主要内容继续存在和发展。

教育、独立自主与社会和解

麦克尔·曼利

我利用向委员会每位委员提供的这个机会简单谈一谈个人的几点看法。我并不想在已经十分全面的报告中增加任何新内容,仅想对下述几点予以强调。

我的看法如下:

首先,尽管我们能够根据目前的经验教训预测未来,但是教育过程今后应担负的职能仍然是充满矛盾的。

一方面,根据定义,教育系统是某些标准的捍卫者,如学术成就优异的标准、科学真理的标准和技术是否适用的标准。在这一点上,教育系统有排他性倾向,因为它将全部精力集中在那些显露出符合优异标准的能力和天赋的学生身上,其他学生则通过从社会可能提供的最好的东西中排除的程序,通常被降到次要的培训科目中。

另一方面,我们生活在一个被难以消除的划分弄得越来越四分五裂的世界上。例如,美国可能越来越陷入由大部分黑人组成的下层社会和由大多数白人组成的社会之间的长期分裂之中。

在欧洲,随着占大多数的当地居民和占少数的移民劳工之间的紧张形势的出现,社会结构开始破裂。种族冲突使波斯尼亚和斯里兰卡分崩离析,部族之间的类似冲突在尼日利亚、安哥拉和卢旺达产生了类似的后果。简言之,世界非常需要能在一体化、和解和团结方面发挥作用的影响力。如果这类影响产生于某种政治措施,其成功的机会将微乎其微。事实上,往往是这些紧张形势支配着政治游戏。由于无法避免的原因，一些家长经常是产生这一问题的根源，这一点也是事实。正是教育系统，尤其是学校，能够为推动和解和社会一体化进程提供最好的机会，或是唯一的希望。

学校应当从现在起就播下关心他人的种子，以避免那些处境不利的阶层成为某种排斥他人的意识形态的受害者。学校还应培养人类应当超越所有社会类别的思想，在人类大家庭中，每个人，无论他是杰出的人，还是普通的人，甚至是残疾人，无论是穆斯林，还是基督教徒，是豪萨人还是伊博人，是爱尔兰天主教徒，还是新教教徒，在持久的一体化过程中都占有平等的地位。

因此，应当成为某些标准的捍卫者的学校，也应当是有如科学真理那样放之四海而皆准的、绝对应予保护的人的价值的催化剂。再者，如果我们在多文化教育方面不能取得决定性的突破，我们可能会发现，技术知识传授方面的进步最终可能具有负面影响。并非不可想象的是，有朝一日我们会面临这样一种情况：一些被培养的精英用杀伤力越来越大的武器互相战斗。例如，新的更有效的种族清洗可能是由于忽视教育的两种使命之一而付出的代价。

其次，教育在培养个人独立自主能力方面应发挥的作用，可在一个十分明显的层面上和一个比较深的层面上看到。不言而喻，一个青年人在他接受的教育向他提供了市场销售技能的情况下，便能够独立自主。但是，独立自主还意味着要学习掌握社会能力，而这种能力只有通过了解以下问题才能获得：社会如何运作？左右社会的权力系统和杠杆是什么？如何影响决策？社会动力在这方面有多大的作用？这类例子几乎不胜枚举。如果教育过程不为这种学习提供方便，富国中处境不利的阶层将继续处于束手无策的境地，发展中国家将永远没有前进的手段，因为它们不能直接地从世界市场提供的机会中受益。此外，所有社会，无论它们处于何种发展阶段，都将受到越来越严重的紧张形势的束缚，因为富者与穷者之间的鸿沟将继续扩大，而且将越来越难以缩小。

今天，世界形势十分严峻，而且可能变成灾难性的。国际货币基金组织强制推行的改革计划和世界银行的结构调整计划严重损害了发展中国家的利益，剥夺了它们从数量上和质量上改善其教育系统的资金。最近采取的纠正这一做法的行动不大而且太晚。因此，教育远非个人和集体获得自主的动力，它在世界许多地方正在恶化。

最反常的是，在教科文组织呼吁为21世纪想出新的解决问题的方法之际，来自布雷顿森林和联合国系统的多边财政机构却密谋努力将普遍存在多年的模式概括为"压缩和倒退"。

我们应恳切要求将这种倾向彻底颠倒过来，否则我们的建议将失去信誉。上面提到的两点所固有的反常现象导致提出应予强调的第三个问题。为了行之有效，教育系统必须在全民理解和支持的社会契约范围内运转。遵循应在政治系统内部开始的过程让人们接受这一契约，这是各国政府应负的重大责任。为了使全社会都赞成这一契约，政治领导人表示赞成是必不可少的。对于我们来说，这是使教育既符合标准方面的需要又符合全国就社会正义问题取得广泛一致的迫切要求的唯一手段。

世界社会的教育

卡兰·辛格

在这个非同寻常的世纪中，出现了前所未有的破坏和超过人们想象的进步，有史以来最残酷的大屠杀和在福利方面取得的令人吃惊的成就，制造出了闻所未闻的威力强大的武器并对外部空间进行了富有成果的探索。现在，这个世纪的最后一个10年即将过去，我们已经到了地球上人类漫长而又曲折的历史的关键时刻。因为十分清楚的是，人类正处在全球社会诞生前的阵痛时期。我们正生活在一个距离不断缩小的世界上，因此，如果我们不愿见到下个千年的无限希望在世界许多地区已经深受其害的争斗和混乱中化为泡影的话，我们就应当放弃过去的有害遗产，即一切冲突和竞争，促成一种新的同心同德与合作的文化。这就是教育在21世纪将要迎接的主要挑战。

我们并非缺少同这些问题进行斗争的智力或经济资源。在科学和技术发明方面取得的重大成果，为我们提供了克服所有这些困难的手段。我们之所以不能创造性地应用这些手段，是因为缺少智慧和同情。知识在进步，然而智慧却在衰退。必须在20世纪末之前消除这一巨大鸿沟，才能彻底扭转目前这种向灾难发展的趋势。因此，广义上的教育具有至关重要的意义。各国的教育系统几乎都是建立在按照原子和空间时代以前的观念确定的原则基础之上的，因而它无法提供人类的福利和生存如今所需要的新的思维模式。旧的正统观念和已经过时的方针还在阻碍着青年人去足够清醒地意识他们出生的这个世界在根本上的统一性。事实上，这些观念和方针鼓励对其他群体或民族采取否定的态度，从而阻碍着全球化思想的产生。

今天，惊人的传播技术遍布全球，但是，其巨大潜力却很少被用来宣传普遍的价值及培养更加关心和同情他人的意识。相反，传媒充满了暴力和恐怖、残忍和杀戮、无节制的消费和不知廉耻的胡作非为，这种情况所产生的后果不仅是扭曲了青年人的思想，而且还使我们对人类的苦难和痛苦麻木不仁。因此，急需对我们的教育和传播政策进行一次具有开创精神的革命。我们应当在全世界范围内制订一些结构严谨并明确体现下述思想的计划：为了人类生存必须树立具有创造力和同情心的世界化意识。我们对教育进行新的思考应以精神方面为重点。

我们必须敢于从全世界的角度来思考问题，与传统模式决裂，并坚定不移地进行探索。我们应当动员我们的一切内在和外在的力量，有意识地着手建设一个以相互团结而不是互相破坏为基础的新世界。作为关心人类生存和幸福的世界公民，我们应当利用注重创新和对话的教学方法这一最现代化的武库，制订一个世界教育计划，使儿童和成年人能够看到全球时代的到来，听到受压迫者和处于苦难之中的人们的呼声。随着全球性社会的出现，原教旨主义及狂热、剥削和恫吓的邪恶力量也十分活跃，所以时间非常紧迫。

因此，我们应立即行动起来，争做建立在下述前提基础上的 21 世纪的整体教育哲学的开拓者和传播者：

• 我们所居住并作为其公民的地球是一个统一的充满生机的实体。归结到底，正如《吠陀》（Vasudhaiva Kuktumbakam）所言：人类是一个其全体成员都相互依赖的大家庭；种族和宗教、国籍和意识形态、性别和性爱好、经济地位和社会地位等方面的差异尽管有自身的含义，但是均应在这种根本统一性的更广泛的背景下重新予以考虑。

• 应当保护地球生态，使其免受轻率的破坏和野蛮开采，使其更有生机，造福于尚未出生的后代；应当提倡一种保持在增长水平的范围内且不过分浪费的合理消费方式。

• 个人之间、群体或民族之间的仇恨和偏见、原教旨主义及狂热、贪婪和嫉妒都是我们在21世纪即将到来之际所应克服的一些具有破坏作用的情感；爱心和同情心、对他人的关心和慈悲之心、友谊和合作均是在我们树立新的全球意识之际应予以鼓励的品质。

• 全世界的各大宗教应当停止为寻求最高地位而相互争斗，应为人类的福利进行合作，并应通过不同宗教间的持续的和创造性的对话，加强将其密切联系在一起的共同精神追求，放弃使其分裂的教条和排他主义。

• 为了在2010年前消灭世界上的文盲之害，必须进行大量协调一致的努力，尤其要特别重视发展中国家的妇女扫盲。

• 全面的教育应当考虑到人的各个方面：体质、智力、审美观、情感和精神，争取实现"一个生活在和谐世界上的完美的人"的这一长期梦想。

多文化世界的教育

鲁道夫·斯塔文哈根

在一个日益多文化的世界里,教育所要应对的挑战是巨大的。当地球上的居民感到世界化过程确实存在时,"我的邻居可能不再是同我一样的人"的想法便遽然产生。对于许多人来说,这种发现可能构成对人的一种打击,因为它对迄今为止永恒不变的邻居关系、社区和国家的传统概念提出了挑战;它打乱了长期建立起来的与他人的联系方式,并表明种族多样性突然闯入日常生活。

一方面,经济全球化使各大洲和各地区的生产者与消费者建立起功能方面的关系。现代跨国公司的组织形式是:同一产品是由不同国家的许多工厂制造的部件组成的。这些大企业的领导人和职工有点儿像过去的外国雇佣兵,大部分时间是在各国之间穿梭,而不是与家人和朋友在一起。如认为目前世界经济关系的调整对所有有关的人(从在穷国流水作业线上工作的非熟练工人到在标签上发现他所买的产品是在遥远的国度里制造的消费者)的个人态度和价值观没有影响,那是一种幼稚的想法。

另一方面,通信网络,特别是视听传播媒介领域网络的迅速发展,使以前人们习惯于看作是陌生遥远的事情出现在不计其数的家庭之中,出现在大城市、贫民区或偏远的乡村之中。异国之物不再遥远,而遥远之物却变得总是令人更加熟悉。由于文化产业通过卫星电视天线和录像带商店宣传西方城市和工业中产阶级的生活方式,多文化世界越来越趋于一致,这种生活方式所特有的文化价值在某种程度上成为当地居民（特别是青年）衡量其知识和愿望的国际标准。

因全球化而相应产生的是跨越国际边界线的大量人口流动。如果说过去是欧洲殖民者移居到所谓的不发达地区，那么近几十年期间，所有前殖民地和外围经济地区的移民劳动者及其家庭成百万地涌入欧洲和北美的工业区，去寻求更加美好的生活。而且往往是为了逃避政治和社会压迫。事实上，在前工业列强开始"消减工业生产能力"和大量出口制造业活动时，来自第三世界国家具有不同文化的居民的大量到来，使接待国传统的就业市场和社会组织关系日益紧张。

大多数现代化民族国都是根据它们在文化方面是一致的或应是一致的这种设想来建设的。这种一致性是现代"民族地位"的实质，由此产生了今天的国家概念和公民权利义务概念。在大多数情况下事实与此模式并不相符，这倒没有什么关系，因为单一种族的国家在现今毕竟是例外，而不是通例。但是，文化上清一色的单一种族国家的思想往往被用来掩盖这样一个事实，那就是此类国家主要应被看作是种族统治的国家，因为一个在人数上占大多数或居统治地位的民族，会把本民族的看法强加给社会的其他组成部分。在同样的情况下，不符合占统治地位的模式的种族群体不仅在数量上，而且特别是在社会学和政治上均被看作是"少数民族"。这种矛盾引起的紧张关系和社会冲突并不少见。近些年来，人们目睹了一些国家内部此类情况的不断升级。事实上，可以发现今天世界上一些种族冲突，都是因为现代民族国管理国内种族多样性的方式出现问题而造成的。

各国对生活在其领土上的不同国民、民族和种族群体所采取的社会、文化和教育政策是此类紧张关系的直接反映。许多国家赋予学校教育的主要作用之一曾是培养赞成同一种民族特性并表示忠诚于民族国的守法的好公民。毋庸置疑，虽说这一使命曾为高尚的目标服务过，甚至在某些历史情况下是必要的，但在很多情况下，它也导致其文化、宗教、语言、信仰或生活方式与所谓的国家理想不一致的许多不同的种族群体处于边缘地位，甚至消亡。

宗教、语言上的少数群体和少数民族，如土著和部落居民往往被迫违背自己的意愿服从国家利益和占统治地位的社会利益。虽说许多人（尤其是到新地方定居的移民）因而获得了一种新的特性和一种新的民族意识，但是其他人却被迫放弃自己的文化、自己的语言、自己的宗教和传统，被迫去适应由国家制度，特别是由教育系统和法律系统强化并代代相传的外来准则和习惯。

许多国家的"国家"教育制度的目标和迫切需要，与文化方面不同的群体的价值观、利益和愿望发生冲突。与此同时，在我们这个以日益相互依存为特点的世界上，相互对立的倾向朝着相反的方向发展：一方面是国家内部的一致化和世界范围的统一倾向，另一方面是寻根，是寻找社区的特性。一些人认为，只有加强当地和地区特性，并与有时被看作是一种威胁的"他人"保持适当的距离，才有可能做到这一点。

这样复杂的形势是一种挑战。这种挑战针对的是教育系统和国家支持的文化政策，以及市场机制的运作，特别是传播和闲暇活动领域——这些受全球文化产业操纵的庞大网络的市场机制的运作。近些年来，以清一色民族文化为前提的传统教育政策越来越受到批判性的审查。越来越多的国家不仅容许文化多样性的表现形式存在，而且还承认多种文化和多种族居民非但不是令人不便的障碍，反而是民主的社会一体化的真正支柱。21世纪的教育应当迎接这一挑战，教育系统（从尽可能广的意义上理解的教育系统）应表现出足够的灵活性和想象力，在我们上面提到的两种结构性倾向之间找到一个正确的平衡点。

真正多文化的教育应当既能满足全球和国家一体化的迫切需要，又能满足农村或城市具有自己文化的特定社区的特殊需要。这种教育将使每个人意识到多样性和尊重他人，不论他是近邻、工作单位的同事，还是遥远国度的居民。为了使这样一种真正多元化的教育能够问世，有必要重新考虑教育目标（何谓施教于人？何谓接受教育？），改变传统学校的教学内容和计划，设想新的教学方法和新的教育方式，并鼓励新一代教师／学生的出现。一种真正多元化的教育建立在人文主义哲学基础上，也就是说建立在一种以积极的态度看待文化多元性所产生的社会影响的伦理学基础上。激励教育进行这种变革所需的人文主义和文化多元性的价值有时是欠缺的；应该通过教育过程来宣传这种价值，反过来这种价值将加强教育过程。

但是，许多观察家对文化的多元性及其在多文化教育中的表现形式深表怀疑。他们赞同文化的多样性（现今世界上有谁能否认它呢？），同时又怀疑通过教育来加强这种多样性是否考虑周到。他们担心这将使不同的特性具体化，使种族中心主义增强，使种族冲突加剧，并使现有的民族国解体。今天，极端的民族主义导致政治上的分裂主义和社会解体确实不乏其例，更不要说直至种族灭绝的大屠杀和因仇恨而产生的种族清洗运动。然而，种族的多样性并不会神奇地消失，因为发生许许多多的冲突而去指责多文化政策是不现实的，这些冲突往往正是由于不承认种族的多样性或要消灭这种多样性而产生的。

对多元化（该词在不同情况下有不同含义）的批评有时来自民族主义的种族群体，他们坚信外来的成分（移民、文化上不同的少数人群体）使其民族的"本质"处于危险境地。但是，这种批评也可能来自一些善意的自由主义者，他们希望建立一个"公民"国家，每个人不论其种族、语言、出身、宗教或文化如何，均被视为具有同等价值的人。这些自由主义者认为，只要强调文化或种族差异，就会在平等的（即使不总是相同的）人们之间建立起边界和墙垣。只有那种面向人人赞同的真正的公民文化的教育，才能阻止差异继续产生不平等现象，阻止特殊性继续煽动敌意。

本着这种对世界的新看法，种族特性将纯属于私人范围（如同宗教在现代非宗教国家一样），而不再与国家政策有关。尽管这种看法应当完全受到尊重，但是我们处处可以看到一些种族群体仍在围绕着信仰和文化象征而动员组织起来；事实上，在当代的这些"文化战争"中，教育系统本身也受到质疑。不管这些斗争是深深扎根于集体的无意识状态中（如某些人宣称的那样），还是纯粹由机会主义的"种族鼓动者"操纵的结果（如另外一些人强调的那样），要想成功地促进人文主义的民主价值，就不能回避这些斗争。当然，今日世界已相当成熟，已有能力加强建立在人权基础上的民主的公民文化，同时鼓励各种文化在承认全世界各民族（不论大小）集体权利的基础上相互尊重，因为每个民族与其他所有民族一样都是有功绩的。

这就是 21 世纪教育应该迎接的挑战。

敞开思想，让所有人都生活得更美好

徐明源

人人生来都是以自我为中心的。但是，从幼年开始，每个人就逐步认识到他或她要继续生存就应与他人共处。由这种根本性的自我中心引起的种种约束导致了许多困难、冲突、失望，甚至是仇恨，包括在一个家庭内部，但是，每个人仍应学会与他人一起生活。对动物世界的日常观察充分证明了这一事实。

以下是就世界各地教育系统使我们敞开思想，并帮助我们与自己的同类以及与自然界和睦相处为什么十分重要这一问题进行的若干思考。

和睦相处应是 21 世纪教育的最后目标

遗憾的是，不论是在家庭还是在学校，在社区还是在国家内部，我们的日常生活所显示的并不是这种景象。在国际范围内，形势甚至还要困难。一般说来，教育制度都是民族主义的。当教育制度变成具有挑衅性的民族主义时，它就会使全世界的和平共处处于危险的境地。现在全球处处存在的种族中心主义是世界和平最大的障碍之一。

科学和技术的迅速进步使我们成为世界大家庭的成员，成为唯一的同一个"地球村"的居民。然而，大多数人没有意识到这一点，而意识到这一点的那些人又往往热衷于自己日常事务中那微不足道的细节，特别是热衷于得到或保护个人的声望。

结束语

在韩国，大学的入学考试是最有害于"健康教育"的障碍。它不仅有害于各级教育，而且不利于世界和平事业。教育部已尝试了各种纠正措施来减轻它所造成的有害影响，但是迄今为止毫无成效。每一种新的制度都会立即引起新的反击。

为变革现实而改革教育

就高等教育在校生与总人口的比例而言，韩国名列第三，位于美国和加拿大之后。但从质量角度看，它在培养能够在21世纪和睦相处的世界公民方面却存在着不少弱点和欠缺之处。更确切地说，今日教育中的伦理方面或道德方面比过去的教育制度贫乏得多。虽说现在的大学生拥有更多的真实知识，但他们的道德行为却使其长辈们难以接受。然而，在激烈批评大学生行为的同时，舆论仍认为应该帮助年轻人准备好参加大学入学考试。换言之，舆论没有看到现行的高等教育制度固有的矛盾。

本国各大学均意识到这一问题的存在，最近开始从根本上修改教学大纲，重新确定教育内容：从现在起，教育已把重点放在经济增长方面（即侧重于科学和技术），并进一步强调在数百年人文价值观基础上的人的发展或社会发展。目前，在韩国，我们开始认识到，以各领域经济增长为纲的政策使我们在道德方面因忽略传统价值观而付出了很大代价。

开放社会及其引起的忧虑

根据我们的预测，韩国将在不久的将来成为一个开放社会。但是，不少朝鲜人对接受这种想法还未作好充分的准备，一些人对这种社会变化不定感到担心。在多少个世纪中，朝鲜人长期任凭周围强国的摆布，而且适者生存这一老的法则可能仍然适用。因此，舆论，特别是朝鲜农民并不怎么欢迎关税及贸易总协定。由于担心教育和文化事务会成为世界经济列强"新的文化帝国主义"的牺牲品,有识之士对智力和文化领域的世界化均持保留态度。一般舆论对取代关税及贸易总协定的世界贸易组织也持保留态度,因为美国、欧洲联盟和日本有可能在该组织占主导地位。

在进入 21 世纪之前,我们清楚地看到,应在全世界范围对公众舆论刻不容缓地进行建设性的教育和宣传,以便消除他们对未来世纪的忧虑。这种忧虑产生的根源在很大程度上是各国过去实行的(包括在教育领域实行的)故步自封的政策。韩国在这方面也不例外。可能由于它过去深受外国列强之苦,在这方面甚至还会表现得更为强烈。

地球村的共同命运

我们强调东西方相互了解促进世界和平的重要性已经有些年了。但是坦率地说,西方人对东方人的了解不如东方人对西方人的了解多。然而,在东方各国,人们对其近邻几乎一无所知,在绝大多数情况下宁可从技术先进的西方学习如何摆脱自己的不发达状态。

然而,东西方之间的这种相互了解,今后完全可以成为全世界文化发展和经济繁荣的一个重要因素。依靠这种相互了解,通过与西方进行合作的组织,东方各国可为世界和平以及与近邻的共同繁荣作出贡献。

可以说,我们已经进入一个不再有国界的世纪。世界各国人民不管愿意与否都应一起生活。我们每个人都应意识到这一点并应对未来的世界公民进行相应的教育。因此,各政府及非政府组织应当强调政治和教育方面开放的重要性。

东方对西方文化的误解

直到最近一个时期,东方还非常普遍地认为西方文化是追求物质享受的,而东方文化才是讲伦理或精神的,而且总的说来优于西方文化。因此东方国家应只限于学习西方的科学技术知识，但要提防西方文化中的其他方面。这绝不是韩国所特有的看法：在中国著作和日本著作中很容易见到此类看法。

但是，这种普遍存在的设想是错误的。只有了解西方的逻辑、批判性的思维和对未知事物的好奇心、发现真理的试验方法和处理问题的客观态度，我们才能正确评价它的文化。尽管东方对西方文化有某些偏见，但是在西方文化中，不难找到西方人毫无私心地热爱真理（尤其是科学真理）、伦理学和逻辑学的许多实例。

与西方人的态度恰好相反

科学技术大大改变了世界，西方又如此迅速地发展了科学技术。在这一领域里，西方科学工作者曾经趋向于把自然界看成一块应通过人的智力和才干加以征服的土地。这样做确实带来了一些重大发现和重大发明，从而出现了先进的文明。但是，对人类福利作出的所有这些贡献在其问世过程中也带来了一些重大问题：空气、水和土壤的污染对自然界造成的损害已很严重，而且还会越来越严重。保护和保卫我们的环境，成了我们和我们子孙后代面临的一个十分重大的问题。

在东方，我们的祖先不愿意或者说不敢征服自然，因为他们认为与自然界和谐相处是至关重要的。他们还认为人是自然界的组成部分，没有什么需要去斗争、控制或征服的。这种态度时兴了好些世纪，从某种程度上说，自然界演变的速度过慢，也延误了我们的物质进步，而西方则毫不犹豫地充当自然界的主人，从而实现了比较迅速的变化。到21世纪，保护和保卫环境对于所有人的福利（包括动物）都将是一项根本的任务。因此，世界各国人民应该积极投身于这一极为必要的事业。

尽管上面提到每个人在人生之初都是以自我为中心的，但是我对人类的未来抱有坚定不移的信念。我们拥有的智慧和经验所构成的共同财富，能够使我们，也毫无疑问地将使我们找到增加精神和物质福利以及与他人和睦相处的办法。

教育与文化之互动在经济发展和人的发展中的作用:亚洲的观点

周南照

教育和文化可以多种方式理解。相对于文化而言,教育可被确定为这样一个过程,即向青年灌输传统所固有的、在当代得到更新的、处于文化核心地位的价值和信仰。教育是文化传播的媒介,而文化则确定教育体制的框架并在教育内容中占有重要的地位。人们注意到,教育处于价值体系的中心,而价值则是教育依靠的支柱。[①] 教育和文化为人的发展需要服务,它们成为这一发展的手段和目的。

对教育与文化之间关系的研究只有涉及发展时才有意义,而发展则是一个多方面的、世界性的、变化的和有动员作用的过程。人既是这一过程的起因、原动力,又是最终目的。[②] 本文意在从亚洲的观点出发,探讨教育与文化在发展中的相互作用。本文首先提到文化传统对教育和经济的发展产生的正面和负面影响,同时强调有必要保存和更新这些传统;然后,根据各个领域日益明显的全球化情况,对一些应通过教育和东西方文化的相互学习培养的普遍价值简要地进行研究;最后说明以人为中心的发展应是21世纪教育和文化追求的最终目标。本文意识到亚洲文化有极为丰富的多样性,因而主要研究了儒家传统;尽管这一传统的影响遍及整个地区,它也只是反映了亚洲文化的一个部

[①] World Commission on Culture and Development, *Our Creative Diversity: Report of the World Commission on Culture and Development*, p. 7, Paris, UNESCO, 1995.

[②] *The Cultural Dimension of Development: Towards a Practical Approach*, pp. 122–123, Paris, UNESCO, 1995.

分。为了避免过于简单化，本文已经注意做到不以点盖面。

亚洲文化中有利于教育发展和经济发展的特点

许多研究报告都对教育、文化与发展之间的关系进行了探讨（参见本文第1、第5和第6个脚注）。以下是文化特点促进了亚洲教育和经济发展的一些例子：

● **对教育的价值深信不疑。** 亚洲历来重视学习。孔子认为，人可臻完善，通过教育，特别是通过在自我修养中作出努力，通过内省，而且还通过仿效外部典范，可使人走上正道。① 他强调教育能够改造社会和教导人们具有公民责任感。他的政治理想是"以德治国"，但是德也应通过教育加以培养。他甚至把教育的作用与充足的粮食或保卫国家的强大军队的作用相等同。他在回答"人口增长后应做些什么"这个问题时说："使民丰足"；而在回答下一个问题"然后呢"时，他只是说："教育他们"。② 多少个世纪里，教育建立了亚洲各国人民整个政治、社会、经济和文化生活的根基。在亚洲，在稻田里弯腰劳作的母亲们心中总是希望教育能使其子女不再像她们那样贫穷。人们熟知日本"懂得教育的母亲"的形象，她们把子女教育看作是首要义务；中国母亲不辞辛苦，长年去上夜校，然后用自己的笔记亲自给自己的残疾儿子上课；朝鲜的母亲们随时准备卖掉奶牛，使孩子能够完成学业；还有印度大诗人泰戈尔关于教育价值的充满智慧的名言，以及伟大的政治思想家甘地关于这个问题的思考：所有这些都表明亚洲对教育十分重视。

● **对青年期望很高。** 中国古代有一个故事，叙述儒学大师孟子的母亲如何三次迁居，使自己的儿子与好老师、好邻居和好同学接触，从而获得良好的教育。许多研究表明，家长和教师高期待的必然结果

---

① John King Fairbank, *The US and China*, 3rd edition, Harvard University Press, 1971.
② Confucius, *The Four Books*, Changsa, Hunan Press, 1992.

是：对课程提出高标准的要求，学生将更多的时间用于学习，为发展智力而进行严格的训练，家长与孩子在家里的合作更为密切，在学校里师生关系更加紧密，从而提高学习成绩，特别是像数学这种困难科目的学习成绩。由于大多数儿童的智商几乎没有区别，而且没有哪个儿童是不可教育的，这种文化特点可以部分地说明为什么许多亚洲学生的学习成绩都比较好。

●**集体高于个人**。 根据传统，在亚洲文化中集体高于个人。儒家强调把个人作为社会的人、家庭和整个社会的成员加以培养。要想成熟并成为对社会负责的一员，学习社会生活准则是必不可少的。多少个世纪以来，中国知识分子仍然信奉"先天下之忧而忧，后天下之乐而乐"这一道德理想。日本人传统的"集体精神"所表现出来的这种面向集体的态度，是经济生产力和社会凝聚力的一个决定性因素。这就在某种程度上说明了为什么尽管许多亚洲人厌恶竞争关系，但是在集体方面却表现得越来越有竞争力。

●**强调发展的精神方面而不是物质方面**。 此处的"精神"意指文化、道德和伦理。建立在儒学和道教基础上的中国传统文化首先是基于伦理学的文化，是个人的德育。所有哲学流派，不论是孔子的箴言，道家的自我修养，还是理学"存天理灭人欲"的雄心，其共同的基本点是人文道德。从伦理和政治角度对人加以审视，这种道德认为个人价值的实现取决于他与集体（家庭和国家）的关系。整个地区普遍承认教育不可能撇开价值观，对未来的认识无疑就是对未来道德范畴的一种看法。[①] 今天，许多亚洲国家在为实现现代化而努力的同时，仍把精神文明和物质文明作为国家发展的双重目标，并希望教育为实现这一目标作出积极贡献。1993年召开的第六届亚洲及太平洋地区教育部长和经济规划部长会议在吉隆坡通过的《宣言》，表明了再次强调道德教育的意愿。

---

① Raja Roy Singh, *Education for the Twenty-first Century: Asia-Pacific Perspectives*, p. 80, Bangkok, UNESCO/PROAP, 1991.

- **承认一个人的才能主要根据他在国家考试中的成绩，而不是根据家庭出身给他带来的权势和财富。** 世界上最早设立挑选和招聘国家行政管理人员和官员考试制度的非亚洲莫属。理论上，儒家教育的目的是在德方面育人；在实践中，更多的是培养和挑选优秀的领导者，而不是为个人得到真正充分的发展而施教。这种以考试成绩为依据的英才教育，鼓励各种社会地位的人去学习并在其职业生涯中力求上进。不过，在考试中过于强调儒家经典作品的知识，这种做法扼杀了许多出色的、有才智的青年的创造性，改变了教育制度的性质，使其在很大程度上从属于本来只应属于其一个组成部分的东西。

- **承认权威。** 孔子认为，教育是帮助精英治国的一种强有力的手段。通过教育，统治者应"学会体察民情"，而被统治者要"学会顺从"。强者的这种体察和弱者的这种顺从被看作是社会秩序稳定的保证。家长在家中有权威和教师在学校中有权威，是大多数亚洲学生纪律性很强的原因之一。在政治和经济领域，国家的高度权威有利于商界与政府之间建立起协调的合作关系，也有利于政府的政策很好地得到贯彻执行。当政府创造了有利于自由办企业和自由竞争的政治环境时，尊重权威对经济的健康发展就会特别有利。人们在解释东南亚地区出现经济奇迹的种种原因时，曾提到该地区有现代权威性政府这一因素。

亚洲文化传统中阻碍教育和经济发展的消极因素：文化革新的必要性

文化传统中的某些成分对"现代化"过程产生干扰，对经济和社会生活也产生了消极影响。为什么存在着有利于发展的文化传统，而经济只在近期才迅速发展起来呢？这个问题提得非常合乎情理。某些研究工作者甚至把儒学说成是"不利于现代化的保守势力"[1]。即使这种

---

[1] Peter A. Petri, *The Lessons of East Asia: Common Foundations of East Asian Success*, Washington, D. C., The World Bank, 1993.

看法可能有些极端和片面，但是除了妨碍发展的更为根本的经济和政治因素之外，文化传统中的某些特点对亚洲许多国家工业部门的落后或不发达情况也部分地负有责任：

• **教育和文化价值"政治化"**，政府对经济现代化热情不高。 教育机构只不过是政治斗争的工具和政府机构的附属品。

• **对个人重视不够。** 集体和社会的利益极受重视，而个人只起一种纯工具性的作用。同时，不承认个人拥有与其义务相称的权利。

• **强调人际关系而不是征服自然**，其结果是有实效的科学、工程学学科和技术应用长期止步不前。

• 在挑选人才和未来的官员方面，**过于重视以经典著作学习为基础的考试。**

• **轻视实用主义、功利主义和商业。** 儒家唯心主义在学校教育中极为重视经典作品的学习和死记硬背，忽略了科学和技术应用。它使脑体脱离，使学习与手工业脱离。受过教育的精英能够治国，只是因为他"品德高尚"，而无须有任何实际知识或能力。任何具有实用价值的东西都受到轻视，从商则被看作是低下的活动。亚洲许多发展中国家的技术和职业教育至今仍不怎么发达，这在某种程度上归咎于这种文化偏见。

• **歧视妇女。** 孔子有言："唯女子与小人难养也。"在许多世纪中，妇女在家中只是一个附属品，在社会上无足轻重。亚洲许多传统文化所特有的这种偏见造成一种恶性循环，女孩被视为不宜参与家庭或社会的经济活动，因而所受的教育比男孩少得多。也正是因为这个原因，在整个地区的千百万提前退学的学生中，女孩仍占很高的比例（1985—1992年占比达2/3）。与其他地方一样，妇女教育水平低下造成婴儿死亡率高，农村人口增长率高，儿童营养不良、健康不佳，以及经济不景气。

涉及全球的"人文价值危机"也在亚洲蔓延。教育不仅要向新一代传播文化财产，而且也要使传统现代化。传统文化的消极因素需根据社会-经济变化加以革新，而教育在促进文化价值的积极变化方面应发挥重要作用。

结 束 语

教育为促进全球伦理学而应培养的普遍价值

亚洲各国在致力于保护自己的特性和文化传统的同时，越来越意识到世界的各个地区是相互依存的。面对这一日益明显的全球化，亚洲的教育系统支持采纳一些根本的普遍价值观。特别是：

- **承认与社会责任感相结合的人权。** 重要的是不要使权利脱离义务，不要把效仿西方的种族中心主义的人权概念强加于人，但要把这一概念同文化传统和国家及地区的实际情况联系起来，并使个人的权利与集体的权利协调一致。

- **重视社会公正和民主参与决策及国家事务的管理。** 这一点应是"生活中各个领域的中心目标"[①]。

- **对文化差异和文化多元性持理解和宽容态度。** 这是获得社会凝聚力、和平共处以及通过协商而非诉诸武力解决争端并最终实现世界和平所不可或缺的先决条件。

- **关心他人。** 这对于未来的教育是一种起决定性作用的价值，也是人的同情心的内在表现，不仅对家人和同事，而且对处境不利的人、病人、穷人和残疾人均应如此，同时它与关心人类和全球的福利是相辅相成的。

- **团结互助精神。** 由于竞争成为日常生活各个领域中的一种无处不在的现象，团结互助就变得尤为必要。正如雅克·德洛尔所指出的："世界是我们的村庄：一家着火，我们所有人头上的屋顶马上都受到威胁。一人想独自重建，那他的努力只有象征性意义。团结互助应成为我们的口号：我们每个人都应承担起自己对集体所负有的责任。"[②]

---

① *Human Development Report 1993*, New York, Oxford University Press, 1993.
② Jacques Delors (speech at the United Nations Conference on Environment and Development, Rio de Janeiro, Brazil, June 1992).

- **事业心。** 这不仅是为了在经济领域增加生产力和竞争力，而且是为了应付生活中出现的所有情况而需要具备的品质。
- **创造性。** 它是技术进步、社会发展、增加经济活力和人的所有事业永远需要的。
- **尊重男女平等。** 人们认为它是"发展和减少贫困的关键"[①]，"既是为发展而敞开的大门，又是衡量这一发展的尺度"[②]。
- **思想开放迎接变革。** 只有这一点不会改变；它不仅是接受变革，而且是采取行动使变革朝着积极方向发展的意愿。
- **对保护环境和可持续发展要有责任感。** 目的是不给子孙后代留下经济、社会和生态方面的债务。

应当指出，21世纪所需的大多数普遍价值观长久以来被列入数千年人类文明的文化传统中。它们包括我们的祖先提倡的并被完好地保存于思想宝库中的道德观念以及真、善、美、正义和自由等理想。比如，关心他人就是孔子所说的"仁"，墨子的"兼爱"和佛教的"慈悲"。重视环境与中国古代道家的一个基本思想是一致的，道家认为技术进步对自然资源造成破坏，他们提出要"回归自然"。多少个世纪以来，在亚洲，建立在爱他人基础上的利他主义被看作是最高尚的人文价值。在21世纪，人类可能还将从儒家的智慧中吸取数千年以来始终是宝贵的教益。因此，促进人类在21世纪应依靠的普遍价值的一个办法，是激励青年人学习历史名著并把过去的优良传统永远传下去。

培养作为全球伦理学内容的这些普遍价值的另一个方法，是通过教育促进东西方文化的相互学习。这些文化远非矛盾对立的，而是相互适应、相互补充的。论功行赏而不论世袭特权的儒家贵族（"文官"）制度与希腊人所想象的"精英治国"极为相近。亚洲在物质方面（现代技术）、体制方面（政治基础）和社会心理学方面（价值和信仰）借鉴了西方文化。正是教育在东西方文化之间架起了桥梁。当东

[①] Colin Power（speech in Beijing on International Literacy Day, 8 September 1995）.
[②] Federico Mayor（speech in Beijing on International Literacy Day, 8 September 1995）.

方和西方能够为了它们各自的利益而互相学习，能够吸取对方的精华，比如把个人首创行动与集体精神、竞争与合作、技术能力与道德品质相结合的时候，我们所期待的普遍价值就会逐步发展起来，而这一全球伦理学的形成将既是所有文化的一次根本更新，又是教育对人类作出的一个巨大贡献。

以人为中心的发展：教育和文化的最终目标

实现"全世界的人的潜力都得到充分发挥"的发展，乃是教育和文化的最终目标。在亚洲地区，人们把教育看作是"发展的生命力"，把文化看作既是确保发展的一个重要手段，又是发展的一个重要组成部分。亚洲与其他地区一样，越来越把发展设想为囊括经济、政治、社会、人文、生态和文化等方面的一个充满活力的综合过程。

经济发展作为人赖以努力确保自己的生存和发展的所有上层建筑活动的物质基础，对于教育和文化具有极其重要的意义。尤其是在发展中国家，无论怎样强调国民经济现代化对教育和文化的极端重要性都不会过分。仅在亚洲及太平洋地区，就有8.3亿人生活在赤贫的境况之中，因而经济增长成了种种消除贫困努力的一个至关重要的因素，成了文化和教育发展的一个先决条件。没有强大的国家工业和农业，教育系统就不会有必要的资源，政治上的独立也将受到影响。没有通过发展技术和基础设施而获得的物质文明，精神文明就得不到有力的支持，当地居民的文化特性就会受到利用强大的信息技术传播的新的文化殖民主义形式的威胁。这就是亚洲大多数国家理所当然地把经济现代化作为最优先的任务并为实现现代化而不懈地作出努力的原因。

不管怎样，如果为发展作出的努力没有把人的方面和文化的方面作为其中心内容和中心目标的话，经济和技术的进步就会失去其真正的意义。21世纪，工业将进一步依靠技术，社会活动总是会更加需要知识，那时，通过教育和培训开发出来的人力资源将发挥日益重要的作用。

从孔子到当代思想家，东方人始终热爱并追求"天下大同"和"建立在世界和平基础上的具有凝聚力的人类社会"这一理想。从柏拉图、法国的启蒙运动、英国的人文主义、欧洲文艺复兴到美国的《独立宣言》，西方人为实现平等、正义、自由和人类尊严的理想进行了许多个世纪的斗争。为了把发展的经济方面与其教育和文化方面结合起来，人类从未停止过努力。联合国开发计划署捍卫的"民有、民享，并由人民自己进行的发展"概念，与我们根据亚洲传统和当代全球化情况对教育与文化之间的辩证关系的解释是完全一致的。

附 件

1. 委员会的工作

1991年11月,教科文组织大会请总干事"召开一次国际委员会会议对21世纪的教育和学习进行思考"。费德里科·马约尔请雅克·德洛尔担任这一委员会的主席,该委员会由其他14位来自世界各地区具有不同文化和专业背景的人士组成。

国际21世纪教育委员会正式成立于1993年初。它由教科文组织提供经费,并由该组织提供的秘书处协助工作;它利用了教科文组织掌握的宝贵资料及其国际经验,以及数量十分可观的信息。不过,在开展工作如制订建议方面,委员会是完全独立的。

过去,教科文组织出版过一些纵览教育问题和优先事项的国际研究报告。早在1968年,教科文组织国际教育规划研究所所长菲利普 H. 库姆斯所著的《世界教育危机——对各种制度的分析》(1968年)就根据该研究所的工作,分析了世界教育遇到的问题,并就一些革新行动提出了建议。

1971年,继前三年期间在许多国家发生激烈的学生运动之后,勒内·马厄(当时的教科文组织总干事)请法国前总理和前教育部长埃德加·富尔担任一个七人小组的主席,他委托该小组确定"由于知识和社会的迅速变化、发展的需要、个人的愿望和国际了解与和平的迫切需要,而应赋予教育的新的目的"。埃德加·富尔委员会还被要求"就为实现它确定的目标而应在智力、人力和财力方面采取的措施提出建议"。

该委员会的报告题为《学会生存》，出版于1972年，它在传统的教育制度受到挑战的时代，在提出终身教育概念方面立下了汗马功劳。

  由雅克·德洛尔领导的新的委员会在着手执行交给它的任务时，首先遇到的一个难题，很可能也是主要的难题，就是全世界的教育形势、教育概念以及教育的组织形式极其多样化。与第一个难题有关的另一个难题是已有的浩瀚的信息，委员会在其工作过程中，显然只能吸收其中一小部分。因此，绝对有必要进行筛选并确定就未来而言什么是至关重要的，同时既要考虑地理政治、经济、社会和文化的变化，又要考虑教育政策可能作出的贡献。委员会选定了六个思路，得以从教育过程的（个人和社会）目标这一角度，履行自己的任务。这六个方面是：教育与文化；教育与公民权利义务；教育与社会团结；教育、工作与就业；教育与发展；教育、研究与科学。就三个直接涉及教育系统运作问题的横向专题进行的研究，补充了上述六个方面的思路。这三个横向专题是：传播技术；教师与教学过程；经费筹措与管理。

  在方法上，委员会在可能利用的时间范围内，开展了尽可能广泛的磋商。委员会举行了八次全体会议和八次工作组会议，目的是研究已选定的各个重大专题，以及某个地区或某个国家组关心的事项和遇到的问题。这些工作组会议的与会者代表性很广，他们代表着与正规教育或非正规教育直接或间接有关的职业和组织：教师、研究人员、大学生、政府负责人、国家和国际一级的政府和非政府组织成员。一些知名的知识分子和著名人士所作的一系列介绍，使委员会得以就所有与教育有直接或间接关系的问题深入地交换了看法。还以会晤或信件来往形式与一些个人进行了磋商。委员会向所有教科文组织全国委员会寄送了调查表，请它们提供文献或未发表过的材料；它们的反应都很积极，委员会对它们的答复都认真地进行了研究。委员会也以同样的方式与非政府组织进行了磋商，有时还邀请它们参加一些会议。在过去的30个月中，委员会成员，包括委员会主席，还参加了一系列政府和非政府会议，这些会议都是讨论委员会的工作和交换看法的好机会。委员会收到了许多学术性报告，有的是按照要求写来的，有的则是自发的。委员会秘书处对大量的资料进行了分析，并为委员会委员们编写了涉及不同主题的综述。委员会建议教科文组织除了出版报告本身之外，还应出版那些曾对委员会的思考起过指导和提示作用的工作文件。

2. 委员会成员

雅克·德洛尔（法国）

主席，前经济和财政部长，欧洲委员会前主席（1985—1995年）。

安阿姆·阿勒穆夫蒂（约旦）

妇女地位问题专家，努尔·阿勒侯赛因王后陛下顾问；前社会发展大臣。

天城勋（日本）

教育专家，教育、科学及文化大臣的特别顾问，日本教育交流BABA基金会主席。

罗伯托·卡内罗（葡萄牙）

独立电视台台长（TVI），前教育部长，前国务部长。

费伊·钟（津巴布韦）

前国家事务、创造就业与合作国务部长，议会议员，前教育部长；教育部门主任（联合国儿童基金会，纽约）。

布罗尼斯瓦夫·盖雷梅克（波兰）

历史学家，波兰议会议员，前法兰西学院教授。

威廉·戈勒姆（美国）

公共政策专家，自1968年至今一直担任华盛顿城市研究院院长。

亚历山德拉·科恩豪泽（斯洛文尼亚）

卢布尔雅那国际化学研究中心主任，工业发展与环境保护关系专家。

迈克尔·曼利（牙买加）

工会干部，大学教师，作家，1972—1980年和1989—1992年任总理。

马里塞拉·帕德隆·克罗（委内瑞拉）

社会学家，罗慕洛·贝当古基金会前研究部主任，前家庭部部长；拉丁美洲及加勒比司司长（联合国人口基金，纽约）。

玛丽-安热莉克·萨瓦内（塞内加尔）

社会学家，综合管理委员会成员，非洲司司长（联合国人口基金，纽约）。

卡兰·辛格（印度）

外交官，多次任部长，特别是担任过教育和卫生部长，有环境、哲学和政治科学方面的著作多种，一个重要的国际跨宗教信仰组织"了解中心"主席。

鲁道夫·斯塔文哈根（墨西哥）

政治科学和社会科学研究员，墨西哥学院社会学研究中心教授。

徐明源（韩国）

前文教部长官，总统教育改革委员会主席（1985—1987年）。

周南照（中国）

教育专家，中国中央教育科学研究所副所长，教授。

委员会谨向法国原高等教育局局长、巴黎第九大学教授、1995年9月前任总统特别顾问的达尼埃尔·布隆代尔女士表示感谢。她从一开始便对委员会的工作给予了有力的推动。她曾以研究报告和杂记的形式为委员会进行思考和本报告某些章节的起草工作作出过重要贡献。

3. 权　限

委员会在其首次会议（1993年3月2—4日）上研究并接受了教科文组织总干事向其建议的权限：

国际21世纪教育委员会的使命是就教育在未来的岁月中应接受的种种挑战开展研究和思考工作，并以一份可作为最高层决策者和负责官员之革新和行动计划的报告形式提出意见和建议。此报告应就教育政策和实践问题提出一些方法，这些方法应有新意和现实意义，并应考虑到各国和各地区情况、需要、财力和愿望的极大多样性。此报告主要是面向各国政府的，但是，由于其目的之一是论述国际合作与国际援助的作用，尤其是教科文组织的作用，委员会也应在报告中努力向各国际机构提出有益的建议。

委员会将重点思考一个包括其他所有问题的中心问题：今后哪一类社会需要哪一类教育？它将研究教育在一个以迅速变革和经济、环境与社会紧张关系加剧为特点的世界上需发挥的种种新作用以及教育系统应满足的新要求；它将研究现代社会的重大演变对教育的影响；它将总结不同政治、经济与文化背景下的最佳教育实践所提供的知识和经验，以鉴别现代政策的优点和缺点。为此，它将努力把最密切参与教育的人员放在其工作的中心位置上：首先是各种年龄的学员，以及为方便其学习而作出贡献的人员，其中包括教师、家长、社区成员以及参与教育的其他人员。

委员会首先应确定它在工作期间将研究的一系列问题，它对这些问题的答复将成为它提交的主要建议。这些问题将包括历来是各国政府、各个社会和各位教育工作者十分关注的、在未来的岁月中依然重要的问题；也将包括由新的社会结构、我们的物质世界的变革和社会变革带来的种种问题，这些变革意味着要有新的优先事项，新的思考，新的行动。其中有一些可能是普遍性的，与对一个变革世界的不可避免和必不可少的反应密切有关；另一些将是一个地区或一个国家所特有的，并将考虑到各国明显不同的经济、文化和社会情况。

与教育和教育系统有关的问题大概分为两大类。属于第一类的是有关教育目的、宗旨和职能的问题，其中包括个人追求的目标以及每个人想满足的需要和愿望。第二类包括与教育提供本身，尤其是与教育系统的模式、结构、内容和运作有关的种种更为具体的问题。

委员会将对其所掌握的有关目前形势的材料、所作的预测以及近20年来世界各地区实行的国家教育政策和教育改革的趋势进行广泛的分析。在此基础上，委员会将就21世纪前夕人的发展过程的重大转折点以及由此产生的对教育的新需要进行深入的思考。它将说明，在使每个人和每个社会准备迎接21世纪的过程中，教育怎样才能发挥更积极、更富有建设性的作用。

原　则

委员会在讨论和工作过程中，将努力牢记某些具有普遍性的、在参与教育过程之各方（教育工作者、公民、决策者及其他合作者和参与者）追求的目标中包含的基本原则。

第一，教育是人的一项基本权利，具有普遍的人文价值：学习和教育就是目的；它们既是个人也是社会追求的目标；它们在每个人的一生中应得到发展和保证。

第二，正规或非正规教育应有益于社会。其方法是，提供有助于知识和科学的创造、进步和传播的手段，使所有人都能获得知识和接受教育。

第三，公正、有针对性和精益求精这三方面的考虑应被用以指导整个教育政策；努力把这三项目标协调地结合起来，是所有参与教育规划或教育实践的人至关重要的任务。

第四，教育革新和一切相应的改革均应建立在对已掌握的、取得良好结果的思想和实践情况进行审慎和深入分析的基础上，并建立在了解每一种特殊情况的具体条件和要求的基础上；应根据有关各方之间的适当协约，在中期过程内协商一致地对它们作出决定。

第五，虽然多种多样的经济、社会和文化状况明显需要多种多样的教育发展方法，但是所有这些方法均应考虑国际社会和联合国系统范围内现有协议所涉及的种种基本价值和关注事项：人权，宽容和相互了解，民主，责任感，普遍性，文化特性，争取和平，保护环境，分享知识，同贫穷作斗争，控制人口增长，保健。

第六，教育应由整个社会负责；所有有关人员和所有合作者（其使命如此的机构除外）均应在教育过程中发挥恰如其分的作用。

思考范围、工作和报告

委员会研究的问题应包括最广义的教育概念,即从学前教育到高等教育,中间经过初等教育和中等教育,包括正规和非正规教育,并涉及范围最广的机构和施教者。此外,委员会的结论和建议将着眼于行动,对象将是公立或私立机构、制定政策的负责人和决策者,更一般地说,将是所有负责制订和实施教育计划及活动的人与机构。希望委员会的结论和建议还将在教科文组织会员国中引起公众就教育改革问题展开广泛的讨论。

委员会将在两年的时间内按委员会自己确定的日程表开展工作,并于1995年初提交一份报告。此报告应为一项教育革新计划奠定基础,并应阐述在未来的岁月中,教科文组织教育领域之行动的指导原则:此报告将送交教科文组织各领导机关、教科文组织各会员国和各全国委员会以及教科文组织与之合作的各政府和非政府组织。

委员会拥有一个由教科文组织提供的秘书处。委员会将根据需要利用教科文组织的智力和物质资源来成功地完成其各项使命。

4. 特别顾问

委员会曾求助于一些杰出人士和有声望的组织,这些人士和组织均因对与教育有关的许多方面的思考和成就作出特别卓越的贡献而享有盛名。如下名单中的这些特别顾问曾以多种方式,尤其以书面咨询和出席会议的方式参与了委员会的工作。

人 士

豪尔赫·阿连德(Jorge Allende),生物化学和分子生物学专家,智力大学教授,第三世界科学院院士,智力科学院院士。

埃梅卡·阿尼奥库(Emeka Anyaoku),尼日利亚外交官,英联邦国家秘书处秘书长。

玛加丽塔·马里诺·德勃特罗(Margarita Marino de Botero),哥

伦比亚莱瓦镇"绿色协会"执行主任，全国自然资源与环境研究所前主任。

格罗·哈莱姆·布伦特兰（Gro Harlem Brundtland），挪威首相，世界环境与发展委员会前主席。

伊丽莎白·多德斯维尔（Elizabeth Dowdeswell），联合国环境规划署（UNEP）执行主任，内罗毕（肯尼亚）。

达尼埃尔·格乌德弗特（Daniel Goeudevert），法国企业家，国际绿十字会第一副主席，大众汽车管理机构前主任，国际合作行动（IPI）行政理事会理事。

马卡米南·马卡吉安萨尔（Makaminan Makagiansar），教科文组织文化部门前助理总干事，印度尼西亚科学技术部顾问。

耶胡迪·梅纽因（Yehudi Menuhin），英国小提琴家，皇家交响乐团团长兼副指挥，尼赫鲁和平与国际了解奖获得者（1970年），世界文化学会会员。

托马斯·奥德希昂博（Thomas Odhiambo），肯尼亚科学家，非洲科学院院士，国际科学联合会理事会理事。

勒内·雷蒙（René Rémond），法国历史学家，全国政治科学基金会主席，《历史评论》杂志社社长之一。

贝特朗·施瓦茨（Bertrand Schwartz），法国工程师，大学教授，教育专家，经社理事会理事。

阿纳托利·索布恰克（Anatoly Sobchak），俄罗斯圣彼得堡市市长，圣彼得堡大学法学院院长，前教育部部长。

戴维·铃木（David Suzuki），加拿大科学家，教育专家，国际演说家和科学类电视电影节目主持人，在与科学和广播有关的方面多次获奖。

阿哈迈德·扎基·亚马尼（Ahmed Zaki Yamani），沙特阿拉伯律师，前石油和矿藏资源部大臣，阿拉伯石油输出国组织前秘书长和前主席。

机　构

国际大学协会（International Association of Universities, IAU）

国际成人教育理事会（International Council for Adult Education, ICAE）

教育国际（Education International, EI）

联合国大学（United Nations University, UNU）

5. 秘 书 处

教科文组织巴黎总部和总部外办事处的许多工作人员，都以对收到的研究报告或本报告各章草案提出书面或口头意见的方式，协助了委员会的工作。驻各国的办事处工作人员以智力和后勤援助的方式，在大多数情况下，为组织总部外会议提供了极大的便利。他们的人数很多，这里不能一一列举，但是，没有他们的帮助，委员会就不能做好自己的工作。

教科文组织教育部门助理总干事 C. 鲍尔先生向委员会及其秘书处提供了始终如一的支持。他还主持过负责了解教科文组织协助委员会工作情况的指导委员会的会议。

部分参加过委员会工作及其最后报告起草工作的秘书处工作人员和顾问的名单如下：

亚历山德拉·德拉克斯勒（Alexandra Draxler），委员会秘书

让-皮埃尔·布瓦耶（Jean-Pierre Boyer），计划专家

布巴卡尔·卡马拉（Boubacar Camara），计划专家助理

埃娃·卡尔松-瓦尔贝里（Eva Carlson-Wahlberg），协理专家

郑雨倬（Woo Tak Chung），协理专家

让·戈丹（Jean Gaudin），顾问

莫琳·朗（Maureen Long），顾问（定稿）

克洛德·纳瓦罗（Claude Navarro），顾问（定稿）

布赖恩·维里蒂（Brian Verity），顾问（定稿）

行政人员：

罗斯-玛丽·巴费尔（Rose-Marie Baffert）

米歇尔·贝尔蒙（Michel Bermond）

卡特琳·多曼（Catherine Domain）

卡里马·皮雷斯（Karima Pires）

6. 委员会会议

第一次会议，1993年3月2—4日，巴黎（法国）：工作方法和有关问题

第二次会议，1993年9月20—24日，达喀尔（塞内加尔）：教育与发展，教育资金筹措与组织工作

第三次会议，1994年1月12—15日，巴黎（法国）：教育和科学

第四次会议，1994年4月13—15日，温哥华（加拿大）：教师与教学过程，终身教育，多元文化

第五次会议，1994年9月26—30日，圣地亚哥（智利）：教育，公民资格与民主

第六次会议，1995年2月6—10日，巴黎（法国）：国际合作

第七次会议，1995年9月23—25日，突尼斯城（突尼斯）：教育和文化

第八次会议，1996年1月15—17日，新德里（印度）：通过最后报告

除第一次会议外，委员会所有的会议都包括一个有应邀专家参加的工作组，研究举行会议之地区的特殊问题和当次会议的具体议题。委员会委员及其秘书处组织或参加了一系列为起草最后报告作出宝贵贡献的大小会议。委员会举行了关于国际教育合作的工作组会议（世界银行，华盛顿，1993年12月）以及委员会主席和教育国际负责人之间的会晤（布鲁塞尔，1994年5月）。委员会协助西班牙教科文组织委员会举办了一次关于教育和社会凝聚力的研讨会（阿利坎特，西班

牙，1994年11月），协助印度举办了一次关于面向21世纪教育的全国研讨会（新德里，印度，1995年1月），以及协助委员会主席特别顾问在巴黎第九大学举办了一次题为"教育、工作与社会：目前的危机和今后的道路"的研讨会（1995年3月）。在第五次阿拉伯国家教育部长会议（开罗，1994年6月）、第12次英联邦国家教育部长会议（伊斯坦布尔，1994年11月）、第45届国际教育会议（国际教育局，日内瓦，1994年10月）和美洲比较教育及国际教育学会会议（波士顿，1995年3月）上，曾就委员会的工作举办了一些圆桌会议。

7. 提供咨询的个人和机构

许多人士曾直接或间接地为委员会的工作作出了贡献。下面的名单包括参加过会议或听证会的人士，以及向委员会提交研究报告或其他材料的人士，同时附有他们在接受秘书处咨询时的身份。另外还有许多人曾被咨询过或者主动与秘书处或与委员会委员们联系过。虽然名单上没有他们的名字，但是委员会感谢他们所提供的知识和建议。许多教科文组织全国委员会提供过材料和答复过公开问题单。联合国系统的多数机构提供过直接或间接的帮助（以咨询或其他交流形式），为数可观的非政府组织主动寄来了材料。在这里依然无法一一列举如此关心委员会工作的个人和机构，但是他们的意见却是最后报告的基础，委员会谨向他们表示感谢。

Ibrahim Abu-Lughod，比尔泽特大学（约旦河西岸）政治学教授、副校长

Inés Aguerrondo，教育及文化部（布宜诺斯艾利斯，阿根廷）教育管理与计划副秘书

Khaldoun H. Al Naqeeb，科威特大学（舒威克，科威特）副教授

Virginia Albert，教育国际（EI）加勒比协调员

Neville E. Alexander，开普敦大学（南非）南非替代性教育研究项目主任

Haider Ibrahim Ali，苏丹研究中心（开罗，埃及）教授

K. Y. Amoako，世界银行教育及社会政策部主任

Fama Hane Ba，联合国人口基金瓦加杜古办事处（布基纳法索）主任

Hadia Aicha Diallo Bah，大学预科教育及职业培训部部长（几内亚）

Samuel T. Bajah，英联邦国家秘书处教育部（科学、技术和数学教育）计划首席专家

Tom Bediako，泛非教师组织秘书长

Monique Bégin，皇家教育委员会（安大略，加拿大）主席

Paul Belanger，教科文组织教育研究所（UIE，德国汉堡）所长

Olivier Bértrand，原教学与职称研究中心（CEREQ）（法国）研究员

Robert Bisaillon，魁北克最高教育委员会（加拿大）主席

Alphonse Blagué，班吉大学（中非）校长，教育部门调整计划编写委员会（CEPASE）协调员

Wolfgang Böttcher，教育与科学工会（德国）

Ali Bousina，突尼斯科学、技术与医科大学（突尼斯）校长

Mark Bray，香港大学比较教育研究中心（香港）

Nicholas Bumett，世界银行教育及社会政策部首席经济学家

Inés Bustillo，拉丁美洲及加勒比地区经济委员会（CEPALC）

Carlos Cardoso，国家研究所所长（几内亚比绍）

Raúl Cariboni，教育国际（EI）拉丁美洲协调员

Ana Maria Cetto，伦敦大学学院（英国）数学系教授

Abdesselam Cheddadi，穆罕默德五世大学（拉巴特，摩洛哥）教育科学院教授

Chua Soo Pong，中国京剧研究所（新加坡）所长

Helen M. Connell，顾问（巴黎）

José Luis Coraggio，国际成人教育理事会（ICAE）（加拿大）

Didier Dacunha-Castelle，巴黎第十一大学（奥尔塞，法国）数学系

教授

Krishna Datt，太平洋教师组织理事会

Goéry Delacôte，探险博物馆执行主任（旧金山，美国）

Michel Demazure，发现宫（巴黎，法国）主任

Souleymane Bachir Diagne，共和国总统府教育技术顾问，谢赫·安塔·迪奥普大学（达喀尔，塞内加尔）哲学系教授

Ahmed Djebbar，国民教育部长（阿尔及利亚）

Albert Kangui Ekué，非洲统一组织（OAU）教育、科学及文化处处长

Linda English，加拿大国际开发署（CIDA）（加拿大）非洲地区经济学家

Jan Erdtsieck，教育国际（EI）

Ingemar Fägerlind，斯德哥尔摩大学（瑞典）国际教育研究所所长

Aminata Sow Fall，非洲文化活动与交流中心负责人（达喀尔，塞内加尔）

Yoro Fall，达喀尔大学（塞内加尔）教授，教科文组织世界文化与发展委员会

Glen Farrell，不列颠哥伦比亚省（加拿大）开放学习机构主任

Emanuel Fatoma，教育国际（EI）英语非洲协调员

Mary Hatwood Futrell，教育国际（EI）主席

Ken Gannicott，伍伦贡大学（新南威尔士州，澳大利亚）教育学教授

Wolfgang Gmelin，德国国际发展基金会（波恩，德国）

Danièle Gosnave，国民教育部（达喀尔，塞内加尔）"家庭生活教育"项目家庭生活教育课程设置专家

François Gros，科学院（法国）常务秘书长

Ingmar Gustafsson，瑞典援助国际发展机构（瑞典）主席高级顾问

Aklilu Habte，联合国儿童基金会（UNICEF）

Jacques Hallak，国际教育规划研究所（UNESCO-IIPE）所长

Janet Halliwell，高等教育委员会（新斯科舍省，加拿大）主席

Alan Hancock，中欧和东欧发展计划（PROCEED）（教科文组织）主任

Mohammed Hassan，第三世界科学院（的里雅斯特，意大利）执行主任

Mary A. Hepbum，佐治亚大学（美国）卡尔·文森管理研究所教授兼公民教育处处长

Abdelbaki Hermassi，原突尼斯常驻教科文组织大使衔代表

Steven Heyneman，世界银行欧洲、中亚、中东和北非地区人力资源和社会发展技术部主任

Herbert hinzen，国际成人教育理事会（ICAE）（加拿大）

Phillip Hughes，塔斯马尼亚大学（澳大利亚）教授

Alan King，女王大学（安大略，加拿大）（教育哲学）教授

Vema J. Kirkness，原不列颠哥伦比亚大学印第安部落学术中心（隆休斯）主任

Fadia Kiwan，耶稣会会士大学（贝鲁特，黎巴嫩）教授

Alberto Rodolfo Komblihtt，遗传工程和分子生物学研究所（布宜诺斯艾利斯，阿根廷）高级研究员

Wolfgang Kueper，德国技术合作协会（埃施博恩，德国）教育和科学处处长

Gabeyehu Kumsa，埃塞俄比亚常驻教科文组织副代表，原教育部（埃塞俄比亚）教育规划和外部业务主任

Diane Laberge，加拿大成人教育研究所（蒙特利尔，魁北克省，加拿大）所长

Augustin A. Larrauri，教科文组织驻加拿大代表（教科文组织魁北克办事处）

Pablo Latapí，教育研究中心（墨西哥）顾问

Viviane F. Launay，加拿大教科文组织委员会（加拿大）秘书长

Pierre Léna，科学院（法国）院士，巴黎第七大学教授，默东天文

台（法国）

Elena Lenskaya，教育部（俄罗斯）顾问

Henry Levin，斯坦福大学（加利福尼亚，美国）教育和经济学教授（戴维·雅各布斯）

Marlaine Lockheed，世界银行

Noel McGinn，哈佛国际发展研究所（美国）成员，哈佛教育学院（美国）教授

William Francis Mackey，拉瓦勒大学国际语言整理研究中心（魁北克，加拿大）教授/研究员

James A. Maraj，英联邦国家学术组织主席

Frank Method，美国国际开发署（USAID）（华盛顿，美国）高级教育顾问

Erroll Miller，安的列斯大学（金斯敦，牙买加）教授

Peter Moock，世界银行教育及社会政策部

Chitra Naik，规划委员会（新德里，印度）（教育）委员

J. V. Narlikar，大学间天文学和天体物理学中心教授（浦那，印度）

Bougouma Ngom，法语国家教育部长会议（CONFMEM）秘书长

Pai Obanya，教科文组织达喀尔办事处主任

Victor M. Ordoñez，教科文组织基础教育处处长

François Orivel，全国科学研究中心研究主任，勃艮第大学（第戎，法国）经济及教育研究所成员

Claude Pair，洛林综合工艺学院（南锡，法国）教授

Paul Pallan，不列颠哥伦比亚省（加拿大）教育部副部长助理

George Papadopoulos，经济合作与发展组织原教育副主任

Serge Péano，国际教育规划研究所（UNESCO-IIPE）"教育费用与资金筹措"计划负责人

Jacques Proulx，加拿大教科文组织委员会教育分委员会副主席，舍布鲁克大学（魁北克，加拿大）国际合作代表

George Psacharopoulos, 世界银行

Ana Maria Quiroz, 国际成人教育理事会（ICAE）（加拿大）前秘书长

Germán Rama, 顾问（蒙得维的亚，乌拉圭）

Luis Ratinoff, 美洲开发银行（IDB）对外关系局

Femando Reimers, 哈佛国际发展研究所（美国）副研究员，教育专家

Norman Rifkin, 美国国际开发署人力资源开发中心（美国）主任

José Rivero, 教科文组织圣地亚哥办事处代理主任

Gert Rosenthal, 拉丁美洲及加勒比地区经济委员会（ECLAC）执行秘书

Antonio Ruberti, 罗马"古代大学"学院（意大利）资料学与分类学系教授

Nadji Safir, 全国全球战略研究所（阿尔及利亚）原社会、教育及文化事务负责人

Mouna L. Samman, 教科文组织"环境与人口的教育与宣传为发展服务"跨学科项目（ED／EPD）计划专家

Alexandre Sannikov, 教科文组织教育部门

Ernesto Schiefelbein, 教科文组织圣地亚哥办事处主任，原国民教育部长（智利）

Leticia Shahani, 参议院（临时）主席，教育委员会（马尼拉，菲律宾）主席

Adnan Shihab-Eldin, 教科文组织开罗办事处主任

John Smyth,《世界教育报告》（教科文组织）主编

Esi Sutherland-Addy, 加纳·勒贡大学非洲研究所（阿克拉，加纳）研究干事

Robert Talachnick, 威斯康星-麦迪逊大学教育学院（美国）副院长、（课程与教学）教授

Shigekazu Takemura, 广岛大学（日本）教育学院副院长

Sibry Tapsoba，国际发展研究中心（达喀尔，塞内加尔）地区（社会政策）计划干事

Juan Carlos Tedesco，国际教育局（UNESCO-IBE，日内瓦）局长

Malang Thiam，非洲开发银行教育与保健处处长

Sakhir Thiam，谢赫·安塔·迪奥普大学（达塔尔，塞内加尔）教授

Mark Thompson，不列颠哥伦比亚大学（温哥华，加拿大）教授

David Throsby，麦夸里大学（悉尼，澳大利亚）经济学教授

Alice Tiendrébéoga，基础教育及大众扫盲部（瓦加杜古，布基纳法索）部长

Judith Tobin，安大略电视台（加拿大）战略问题部主任

Rosa María Torres，国际成人教育理事会（ICAE）（加拿大）

Carlos Tunnerman，教科文组织总干事特别顾问

Karpila Vatsyayan，莫迪拉·甘地国家艺术中心（新德里，印度）主任

Marit Vedeld，挪威国际开发署（奥斯陆，挪威）

Vichai Tunsiri，教育部（曼谷，泰国）部长顾问

A. E.（Ted）Wall，加拿大教育科学院院长协会主席；麦吉尔大学教育学院院长（蒙特利尔，加拿大）

Shem O. Wandiga，内罗毕大学（肯尼亚）副校长

Bertrand Weil，亨利·蒙多尔医疗教学中心（克雷泰，法国）医学教授

Tom Whiston，苏塞可斯大学（英国）政治科学研究组教授

Graeme Withers，澳大利亚教育研究理事会（墨尔本，澳大利亚）

Davina B. Woods，澳大利亚教育联合会（南墨尔本，澳大利亚）土著居民教育主任

Johanna Zumstein，加拿大国际开发署（CIDA）非洲及中东局（加拿大）（社会变革）高级分析员

8. 后续活动

一个秘书处将确保委员会工作的后续活动。它将出版作为委员会

报告之依据的资料，以及旨在深化委员会的思考或建议的某个方面的研究报告；它将根据政府或非政府机构的要求，协助它们举行对委员会的结论进行讨论的会议；最后，它还将参与旨在实施委员会某些建议的活动。其地址仍为：

UNESCO

Secteur de l'éducation

Unité pour l'éducation pour le xxie siècle

7, place de Fontenoy

75352 PARIS 07 SP(France)

Tèlèphone:(33 1)45 68 11 23

Télécopieur:(33 1)43 06 52 55

Internet:EDOBSERV @ UNESCO. ORG

联合国教科文组织总干事费德里科·马约尔先生委托由雅克·德洛尔任主席的国际委员会负责就21世纪的教育问题进行思考。

任务的确是艰巨的。现代社会在学校、家庭或国家中都给予青年什么样的地位？教育怎样才能使子孙后代为适应不断动荡之世界的要求作好准备？怎样才能克服对失业感到担心、对排斥感到忧虑、对丧失特性感到苦恼等心理状态？最后，怎样才能使人类逐步实现和平、自由和社会公正等理想？

本书希望给青年以应有的地位，使教育成为每一个人一生中的全部经历。

委员会在给其报告选定题目时，想到了拉封丹的寓言诗《农夫和他的孩子们》：

（农夫说：）
千万不要把祖先留给我们的产业卖掉，
因为财富蕴藏其中。

雅克·德洛尔组织下述人士就现代社会之未来这一关键问题进行

了思考：

安阿姆·阿勒穆夫蒂（约旦），天城勋（日本），罗伯托·卡内罗（葡萄牙），费伊·钟（津巴布韦），布罗尼斯拉夫·盖雷梅克（波兰），威廉·戈勒姆（美国），亚历山德拉·科恩豪泽（斯洛文尼亚），迈克尔·曼利（牙买加），马里塞拉·帕德隆·克罗（委内瑞拉），玛丽-安热莉克·萨瓦内（塞内加尔），卡兰·辛格（印度），鲁道夫·斯塔文哈根（墨西哥），徐明源（韩国），周南照（中国）。

出 版 人　所广一
责任编辑　何　艺
版式设计　郝晓红
责任校对　贾静芳
责任印制　叶小峰

图书在版编目（CIP）数据

教育：财富蕴藏其中／联合国教科文组织编；联合国教科文组织总部中文科译．—2版．—北京：教育科学出版社，2014.12（2024.11重印）

（世界教育思想文库）

书名原文：Learning：the treasure within

ISBN 978-7-5041-8602-7

Ⅰ.①教…　Ⅱ.①联…②联…　Ⅲ.①教育—研究报告—世界　Ⅳ.①G51

中国版本图书馆CIP数据核字（2014）第124967号

北京市版权局著作权合同登记　图字：01-2014-4651号

世界教育思想文库

教育——财富蕴藏其中

JIAOYU——CAIFU YUNCANG QIZHONG

出版发行	教育科学出版社		
社　　址	北京·朝阳区安慧北里安园甲9号	市场部电话	010-64989009
邮　　编	100101	编辑部电话	010-64981167
传　　真	010-64891796	网　　址	http://www.esph.com.cn
经　　销	各地新华书店		
制　　作	北京广联信达文化发展有限公司		
印　　刷	三河市兴达印务有限公司	版　　次	1996年12月第1版 2014年12月第2版
开　　本	720毫米×1020毫米 1/16		
印　　张	15.5	印　　次	2024年11月第12次印刷
字　　数	209千	定　　价	45.00元

如有印装质量问题，请到所购图书销售部门联系调换。

Original English Title:

LEARNING: THE TREASURE WITHIN

Report to UNESCO of the International Commission on Education for the Twenty-first Century

ISBN: 92-3-503274-1

© UNESCO 1996

All rights reserved.

This Chinese edition is translated and published by permission of UNESCO. The Publisher shall take all necessary steps to secure copyright in the Translated Work in each country it is distributed.

本书简体中文版由联合国教科文组织总部授权教育科学出版社出版。未经出版社书面许可，不得以任何方式复制或抄袭本书内容。

版权所有，侵权必究